WURZELN DER KÜNSTLICHEN INTELLIGENZ

Alle Fakten & Ideen komprimiert

Frank Beutelschiess
CuriousBear & Claude

CuriousBear.Rocks

IM GESPRÄCH

0. VORWORT

Künstliche Intelligenz (KI) hat in den letzten Jahren eine beispiellose Dynamik entwickelt und ist zu einem der faszinierendsten und gleichzeitig kontroversesten Themen unserer Zeit geworden. Von der Automatisierung alltäglicher Aufgaben bis hin zur Lösung komplexer wissenschaftlicher Probleme - KI durchdringt zunehmend alle Bereiche unseres Lebens und unserer Gesellschaft. Doch um die Gegenwart und Zukunft der KI wirklich zu verstehen, ist es unerlässlich, ihre Geschichte zu kennen.

Dieses Buch lädt Sie ein zu einer Reise durch die faszinierende Geschichte der Künstlichen Intelligenz. Von den frühen philosophischen Überlegungen über denkende Maschinen bis hin zu den neuesten Durchbrüchen im Deep Learning und LLMs - wir werden die wichtigsten Meilensteine, Persönlichkeiten und Konzepte erkunden, die die Entwicklung der KI geprägt haben.

Unser Ziel ist es, Ihnen nicht nur einen chronologischen Überblick zu bieten, sondern auch die tieferen Zusammenhänge zwischen technologischen Fortschritten, gesellschaftlichen Veränderungen und ethischen Herausforderungen aufzuzeigen. Wir werden die Höhen und Tiefen der KI-Forschung beleuchten, die Perioden der Euphorie ebenso wie die "KI-Winter", und dabei die Lehren herausarbeiten, die wir aus dieser Geschichte ziehen können.

In den folgenden Kapiteln werden wir uns mit den grundlegenden Konzepten der KI auseinandersetzen, die Entwicklung verschiedener KI-Paradigmen nachzeichnen und die Anwendungen von KI in verschiedenen Bereichen wie Medizin, Wirtschaft und Wissenschaft untersuchen. Wir werden auch einen Blick in die Zukunft werfen und die potenziellen Auswirkungen von KI auf unsere Gesellschaft, Ethik und das Wesen der menschlichen Intelligenz selbst diskutieren.

Dieses Buch richtet sich an Fachleute und Entscheidungsträgern mit wenig Zeit. Unser Ziel ist es, komplexe Themen verständlich zugänglich zu machen, ohne dabei an Tiefe und Präzision zu verlieren. Wir hoffen, dass dieses Buch nicht nur Ihr Verständnis der KI-Geschichte erweitert, sondern auch als Grundlage für fundierte Diskussionen und Entscheidungen in Bezug auf die Zukunft der KI und deren Einsatz dienen wird.

Die Geschichte der Künstlichen Intelligenz ist eine Geschichte menschlicher Kreativität, wissenschaftlichen Fortschritts und technologischer Innovation. Es ist eine Geschichte, die noch lange nicht zu Ende erzählt ist. Mit diesem Buch laden wir Sie ein, Teil dieser faszinierenden Reise zu werden und die Rolle der KI in unserer Vergangenheit, Gegenwart und Zukunft zu erkunden.

Lassen Sie uns gemeinsam die Seiten der KI-Geschichte durchblättern und dabei nicht nur die technologischen Wunder bestaunen, sondern auch kritisch über die Herausforderungen und Verantwortungen nachdenken, die mit dieser mächtigen Technologie einhergehen. Denn nur durch das Verständnis ihrer Geschichte können wir die Zukunft der Künstlichen Intelligenz verantwortungsvoll gestalten.

1. EINFÜHRUNG IN DIE KÜNSTLICHE INTELLIGENZ

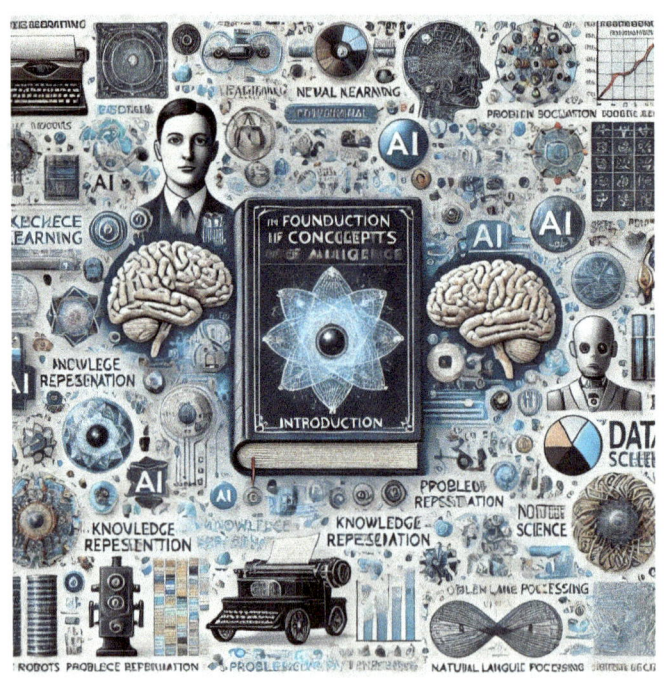

1.1 Definition und Grundkonzepte

Künstliche Intelligenz (KI) ist ein faszinierendes und sich schnell entwickelndes Feld der Informatik, das darauf abzielt, Maschinen zu erschaffen, die menschenähnliche kognitive Fähigkeiten besitzen. Eine allgemein akzeptierte Definition von KI zu finden, erweist sich jedoch als Herausforderung, da sich das Verständnis und die Grenzen des Feldes ständig weiterentwickeln.

John McCarthy, einer der Pioniere der KI, definierte sie 1956 als "die Wissenschaft und das Ingenieurwesen, intelligente Maschinen zu machen". Diese Definition ist zwar prägnant, lässt aber viel Raum für Interpretation, insbesondere was unter "Intelligenz" zu verstehen ist.

Eine moderne und umfassendere Definition könnte lauten: Künstliche Intelligenz ist der Zweig der Informatik, der sich mit der Entwicklung von Computersystemen befasst, die Aufgaben ausführen können, die normalerweise menschliche Intelligenz erfordern. Dazu gehören Fähigkeiten wie Wahrnehmung, Sprachverständnis, Lernen, Problemlösung und Entscheidungsfindung.

Zu den Grundkonzepten der KI gehören:

1. Maschinelles Lernen: Die Fähigkeit von Systemen, aus Erfahrungen zu lernen und sich zu verbessern, ohne explizit programmiert zu werden.

2. Neuronale Netze: Von der Struktur des menschlichen Gehirns inspirierte Berechnungsmodelle.

3. Wissensrepräsentation: Methoden zur Darstellung von

Informationen in einer für Maschinen verständlichen Form.

4. Problemlösung: Algorithmen und Techniken zur Lösung komplexer Probleme.

5. Natürliche Sprachverarbeitung: Die Fähigkeit von Computern, menschliche Sprache zu verstehen und zu generieren.

1.2 Abgrenzung zu verwandten Feldern

Künstliche Intelligenz überschneidet sich mit vielen anderen Disziplinen, was manchmal zu Verwirrung führen kann. Es ist wichtig, KI von verwandten Feldern abzugrenzen:

1. Robotik: Während KI oft in Robotern eingesetzt wird, befasst sich die Robotik primär mit der physischen Konstruktion und Steuerung von Maschinen. Nicht alle Roboter verwenden KI, und nicht alle KI-Systeme sind Roboter.

2. Data Science: Dieses Feld konzentriert sich auf die Extraktion von Erkenntnissen aus Daten. KI kann ein Werkzeug in der Data Science sein, aber Data Science umfasst auch viele nicht-KI-bezogene Techniken.

3. Computerwissenschaft: KI ist ein Teilbereich der Computerwissenschaft, aber nicht alle Aspekte der Computerwissenschaft beinhalten KI.

4. Kognitionswissenschaft: Dieses interdisziplinäre Feld untersucht den menschlichen Geist und Kognition. Während KI von der Kognitionswissenschaft inspiriert sein kann, konzentriert sie sich auf die Schaffung künstlicher Systeme, nicht auf das Verständnis natürlicher Intelligenz.

5. Expertensysteme: Diese sind spezifische KI-Anwendungen, die das Wissen von Experten in einem bestimmten Bereich nachahmen. Sie sind ein Teilbereich der KI, aber nicht die gesamte KI.

1.3 Historischer Überblick der KI-Entwicklung

Die Geschichte der KI ist geprägt von Höhen und Tiefen, oft beschrieben als Zyklen von großem Optimismus (KI-Sommer) und Enttäuschung (KI-Winter). Hier ein kurzer Überblick:

1. 1950er: Die Geburt der KI als akademische Disziplin. Alan Turing veröffentlicht seinen berühmten Artikel "Computing Machinery and Intelligence".

2. 1960er: Frühe Erfolge und großer Optimismus. Entwicklung von Programmen, die mathematische Theoreme beweisen und einfache Spiele spielen können.

3. 1970er: Erste Rückschläge und Ernüchterung. Die Grenzen früher Ansätze werden deutlich.

4. 1980er: Wiederbelebung durch Expertensysteme und neuronale Netze.

5. 1990er-2000er: Fortschritte in maschinellem Lernen und Datenbergbau. KI beginnt, in kommerziellen Anwendungen Fuß zu fassen.

6. 2010er bis heute: Durchbrüche im Deep Learning führen zu beeindruckenden Fortschritten in Bereichen wie Bildverarbeitung, Spracherkennung und Spielen.

1.4 Arten der KI: Schwache vs. Starke KI

In der KI-Forschung und -Diskussion wird oft zwischen zwei Hauptkategorien unterschieden:

1. Schwache KI (auch: Narrow AI oder ANI - Artificial Narrow Intelligence):
 - Konzentriert sich auf spezifische, eng definierte Aufgaben
 - Kann in bestimmten Bereichen menschliche Leistungen übertreffen
 - Beispiele: Schachcomputer, Sprachassistenten, Empfehlungssysteme

2. Starke KI (auch: General AI oder AGI - Artificial General Intelligence):
 - Zielt darauf ab, menschenähnliche allgemeine Intelligenz zu erreichen
 - Wäre in der Lage, jede intellektuelle Aufgabe zu bewältigen, die ein Mensch kann
 - Bleibt bisher ein theoretisches Konzept und Gegenstand philosophischer Debatten

Es ist wichtig zu betonen, dass alle derzeit existierenden KI-Systeme in die Kategorie der schwachen KI fallen. Die Entwicklung einer starken KI bleibt ein langfristiges Ziel der Forschung, mit ungewissem Zeithorizont und erheblichen ethischen Implikationen.

1.5 Grundlegende Ansätze in der KI-Forschung

Die KI-Forschung hat im Laufe der Zeit verschiedene Ansätze verfolgt, von denen einige der wichtigsten sind:

1. Symbolische KI:
   - Basiert auf der Manipulation von Symbolen und logischen Regeln
   - War in den frühen Tagen der KI vorherrschend
   - Beispiele: Expertensysteme, logische Programmierung

2. Konnektionismus:
   - Inspiriert von der Struktur des menschlichen Gehirns
   - Verwendet künstliche neuronale Netze
   - Bildet die Grundlage für moderne Deep-Learning-Systeme

3. Evolutionäre Berechnung:
   - Nutzt Prinzipien der biologischen Evolution
   - Beinhaltet genetische Algorithmen und evolutionäre Strategien

4. Probabilistische Methoden:
   - Basieren auf statistischen Modellen und Wahrscheinlichkeitstheorie
   - Beispiele: Bayessche Netze, Hidden Markov Models

5. Verhaltensbasierte KI:
   - Konzentriert sich auf die Interaktion mit der Umwelt
   - Oft in der Robotik verwendet

Jeder dieser Ansätze hat seine Stärken und Schwächen, und moderne KI-Systeme kombinieren oft Elemente aus mehreren dieser Paradigmen.

Die Einführung in die Künstliche Intelligenz bildet die Grundlage für das Verständnis der folgenden Kapitel. Sie zeigt die Vielfalt und Komplexität des Feldes und bereitet den Leser auf die detaillierte Erforschung seiner Geschichte und Entwicklung vor.

1.6 Zusammenfassung

Kapitel 1 bietet eine umfassende Einführung in die Grundlagen der Künstlichen Intelligenz (KI) und legt damit das Fundament für das gesamte Buch. Hier die Kernpunkte:

1. Definition und Grundkonzepte: Das Kapitel beginnt mit einer Erörterung verschiedener Definitionen von KI, von John McCarthys früher Formulierung bis hin zu modernen, umfassenderen Ansätzen. Es werden Grundkonzepte wie maschinelles Lernen, neuronale Netze, Wissensrepräsentation, Problemlösung und natürliche Sprachverarbeitung eingeführt.

2. Abgrenzung zu verwandten Feldern: KI wird im Kontext verwandter Disziplinen wie Robotik, Data Science, Computerwissenschaft und Kognitionswissenschaft positioniert. Die Überschneidungen und Unterschiede werden herausgearbeitet, um ein klares Verständnis des spezifischen Fokus von KI zu vermitteln.

3. Historischer Überblick: Ein kurzer historischer Abriss skizziert die Entwicklung der KI von den 1950er bis heute. Wichtige Meilensteine, Durchbrüche und auch Rückschläge (KI-Winter) werden chronologisch dargestellt.

4. Arten der KI: Das Kapitel unterscheidet zwischen schwacher (oder enger) KI, die auf spezifische Aufgaben spezialisiert ist, und starker KI (oder künstlicher allgemeiner Intelligenz), die menschenähnliche, allgemeine kognitive Fähigkeiten anstrebt. Die aktuellen Grenzen und zukünftigen Möglichkeiten beider Ansätze werden diskutiert.

5. *Grundlegende Ansätze in der KI-Forschung: Verschiedene Forschungsparadigmen werden vorgestellt, darunter symbolische KI, Konnektionismus, evolutionäre Berechnung, probabilistische Methoden und verhaltensbasierte KI. Die Stärken und Schwächen jedes Ansatzes werden beleuchtet.

Das Kapitel schließt mit einem Ausblick auf die kommenden Abschnitte des Buches und betont die Wichtigkeit, die verschiedenen Aspekte der KI in ihrem historischen und interdisziplinären Kontext zu verstehen. Es legt damit die Grundlage für eine tiefgreifende Erkundung der Geschichte, Gegenwart und Zukunft der Künstlichen Intelligenz in den folgenden Kapiteln.

2. PHILOSOPHISCHE UND LITERARISCHE VORLÄUFER

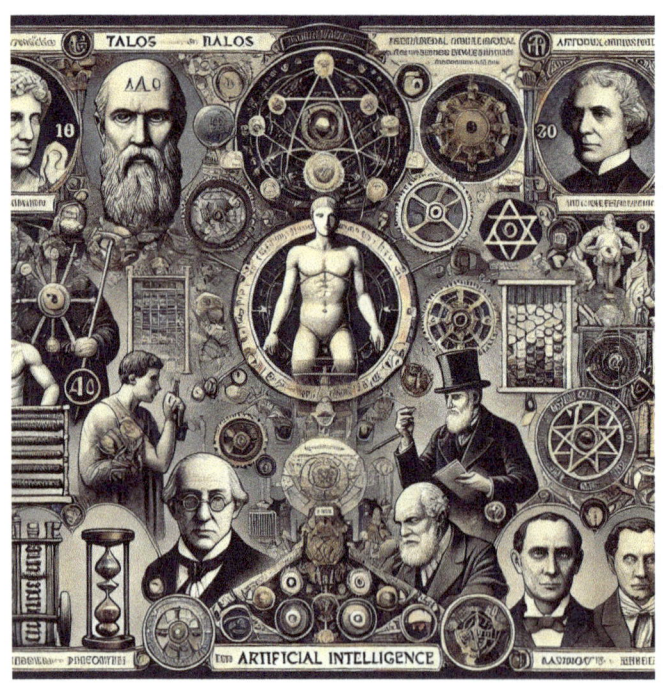

2.1 Antike Mythen und Automaten

Die Idee künstlicher Wesen und intelligenter Maschinen reicht weit in die menschliche Geschichte zurück. Schon in antiken Mythen und Legenden finden wir Vorläufer des KI-Konzepts:

1. Griechische Mythologie:
   - Talos: Ein bronzener Riese, der Kreta bewachte
   - Pygmalions Statue: Eine zum Leben erweckte Skulptur
   - Hephaistos' Automaten: Künstliche Diener des Schmiedegottes

2. Jüdische Folklore:
   - Der Golem: Ein aus Lehm erschaffenes und zum Leben erwecktes Wesen

3. Chinesische Legenden:
   - Künstliche Menschen in Texten des Lie Zi (4. Jahrhundert v. Chr.)

Diese Mythen zeigen, dass die Vorstellung von künstlich erschaffenen, intelligenten Wesen die menschliche Fantasie schon lange beschäftigt.

Historische Automaten:
- Hero von Alexandria (1. Jahrhundert n. Chr.): Konstruierte mechanische Geräte, die einfache Aufgaben ausführen konnten
- Al-Jazari (12.-13. Jahrhundert): Entwarf komplexe Wasseruhren und mechanische Musikautomaten
- Jacques de Vaucanson (18. Jahrhundert): Schuf mechanische Enten und einen Flötenspieler

Diese frühen Automaten waren zwar weit von echter KI entfernt, zeigten aber das anhaltende menschliche Interesse an der Schaffung künstlicher Wesen.

2.2 Philosophische Konzepte des Denkens und der Intelligenz

Philosophen haben seit Jahrhunderten über das Wesen von Intelligenz und Bewusstsein nachgedacht, was die Grundlage für viele KI-Konzepte bildete:

1. Platon (4. Jahrhundert v. Chr.):
   - Ideenlehre: Trennung von Geist und Materie
   - Relevanz für KI: Konzept der abstrakten Repräsentation von Wissen

2. Aristoteles (4. Jahrhundert v. Chr.):
   - Syllogistische Logik: Formale Regeln für gültiges Schließen
   - Relevanz für KI: Grundlage für symbolische KI und logikbasierte Systeme

3. René Descartes (17. Jahrhundert):
   - Dualismus: Trennung von Geist und Körper
   - "Ich denke, also bin ich"
   - Relevanz für KI: Fragen nach dem Wesen des Bewusstseins und der Möglichkeit denkender Maschinen

4. Gottfried Wilhelm Leibniz (17.-18. Jahrhundert):
   - Idee einer universellen symbolischen Sprache zur Darstellung von Wissen
   - Relevanz für KI: Konzepte der Wissensrepräsentation und symbolischen Verarbeitung

5. David Hume (18. Jahrhundert):
   - Empirismus: Wissen entsteht aus Erfahrung
   - Relevanz für KI: Grundlage für maschinelles Lernen und datengetriebene Ansätze

2.3 Frühe mechanische Rechenmaschinen

Die Entwicklung mechanischer Rechenmaschinen bildete eine wichtige Vorstufe zur modernen KI:

1. Abakus (ca. 2400 v. Chr.):
   - Eines der frühesten Rechenhilfsmittel
   - Zeigt das Streben nach Automatisierung von Berechnungen

2. Blaise Pascal (1642):
   - Pascaline: Mechanischer Rechner für Addition und Subtraktion
   - Erster Schritt zur Automatisierung arithmetischer Operationen

3. Gottfried Wilhelm Leibniz (1672):
   - Staffelwalzenrechner: Konnte alle vier Grundrechenarten ausführen
   - Konzept der binären Arithmetik

4. Charles Babbage (1822):
   - Differenzmaschine: Für die Berechnung polynomialer Funktionen
   - Analytical Engine: Konzept eines programmierbaren Computers
   - Ada Lovelace: Schrieb das erste Computerprogramm für die Analytical Engine

Diese Maschinen zeigten, dass komplexe Berechnungen mechanisiert werden können, ein wichtiger Schritt auf dem

Weg zur KI.

2.4 Science-Fiction-Visionen

Science-Fiction-Literatur und -Filme haben maßgeblich zur Popularisierung und Konzeptualisierung von KI beigetragen:

1. Mary Shelley - "Frankenstein" (1818):
   - Thematisiert die Erschaffung künstlichen Lebens und deren ethische Implikationen

2. Karel Čapek - "R.U.R." (1920):
   - Führt den Begriff "Roboter" ein
   - Behandelt Themen wie Massenproduktion von Arbeitern und Rebellion der Maschinen

3. Isaac Asimov:
   - "Ich, der Robot" (1950) und andere Werke
   - Formuliert die "Drei Gesetze der Robotik"
   - Prägt den Begriff "Robotik"

4. Arthur C. Clarke - "2001: Odyssee im Weltraum" (1968):
   - Der Supercomputer HAL 9000 als Beispiel für eine fortgeschrittene KI

5. Philip K. Dick - "Träumen Androiden von elektrischen Schafen?" (1968):
   - Basis für den Film "Blade Runner"
   - Erforscht Themen wie künstliches Bewusstsein und die Natur der Realität

Diese Werke haben nicht nur die öffentliche Wahrnehmung von KI beeinflusst, sondern auch Wissenschaftler und Ingenieure inspiriert.

2.5 Ethische und moralische Überlegungen zur künstlichen Intelligenz

Schon früh wurden ethische Fragen zur Entwicklung und Nutzung von KI aufgeworfen:

1. Mary Shelley's "Frankenstein":
   - Warnung vor den Gefahren unkontrollierter wissenschaftlicher Experimente
   - Frage nach der Verantwortung des Schöpfers gegenüber seiner Schöpfung

2. Asimovs Robotergesetze:
   1. Ein Roboter darf kein menschliches Wesen verletzen oder durch Untätigkeit zulassen, dass einem menschlichen Wesen Schaden zugefügt wird.
   2. Ein Roboter muss den ihm von einem Menschen gegebenen Befehlen gehorchen – es sei denn, ein solcher Befehl würde mit Regel eins kollidieren.
   3. Ein Roboter muss seine Existenz beschützen, solange dieser Schutz nicht mit Regel eins oder zwei kollidiert.
   - Diese Gesetze werden bis heute in ethischen Diskussionen über KI referenziert.

3. Philosophische Gedankenexperimente:
   - John Searles "Chinesisches Zimmer": Hinterfragt das Verständnis von Maschinen
   - Der Turing-Test: Wirft Fragen nach dem Wesen der Intelligenz auf

4. Frühe Warnungen vor superintelligenter KI:

- I.J. Good (1965): Konzept der "Intelligenzexplosion"
- Vernor Vinge (1993): Der technologische Singularitätspunkt

Diese frühen ethischen und moralischen Überlegungen bilden die Grundlage für viele aktuelle Diskussionen über die Entwicklung und den Einsatz von KI-Systemen.

Die philosophischen und literarischen Vorläufer der KI zeigen, dass die Idee künstlicher Intelligenz tief in der menschlichen Kultur und im Denken verwurzelt ist. Sie haben nicht nur den Weg für die technische Entwicklung geebnet, sondern auch den Rahmen für ethische und philosophische Debatten geschaffen, die bis heute andauern.

2.6 Zusammenfassung

Kapitel 2 erforscht die tiefen historischen und kulturellen Wurzeln der Künstlichen Intelligenz, lange bevor der Begriff selbst geprägt wurde. Hier die Kernpunkte:

1. Antike Mythen und Automaten: Das Kapitel beginnt mit einer Untersuchung früher Vorstellungen von künstlichen Wesen in verschiedenen Kulturen. Von Talos in der griechischen Mythologie über den Golem in der jüdischen Folklore bis hin zu frühen mechanischen Automaten wird die lange Faszination der Menschheit für künstliche Lebensformen aufgezeigt.

2. Philosophische Konzepte des Denkens und der Intelligenz: Es folgt eine Betrachtung wichtiger philosophischer Beiträge zum Verständnis von Intelligenz und Kognition. Dabei werden Ideen von Philosophen wie Platon, Aristoteles, Descartes, Leibniz und Hume diskutiert und ihre Relevanz für moderne KI-Konzepte herausgearbeitet.

3. Frühe mechanische Rechenmaschinen: Das Kapitel beleuchtet die Entwicklung mechanischer Rechengeräte, vom Abakus über Pascals Rechenmaschine bis hin zu Babbages Analytical Engine. Es wird gezeigt, wie diese frühen Innovationen den Weg für die Computerisierung und schließlich die KI ebneten.

4. Science-Fiction-Visionen: Ein Abschnitt widmet sich der Rolle der Science-Fiction-Literatur in der Konzeptualisierung und Popularisierung von KI-Ideen. Werke wie Mary Shelleys "Frankenstein", Karel Čapeks "R.U.R." und Isaac

Asimovs Robotergeschichten werden analysiert und ihre prägenden Einflüsse auf die öffentliche Wahrnehmung und wissenschaftliche Diskussion von KI herausgearbeitet.

5. Ethische und moralische Überlegungen: Abschließend werden frühe ethische Betrachtungen zur Erschaffung künstlicher Intelligenz diskutiert. Von Shelleys Warnung vor den Gefahren unkontrollierter wissenschaftlicher Experimente bis zu Asimovs Robotergesetzen wird die lange Geschichte ethischer Reflexion über KI nachgezeichnet.

Das Kapitel verdeutlicht, dass die Idee künstlicher Intelligenz tief in der menschlichen Kultur und im Denken verwurzelt ist. Es zeigt, wie philosophische, technologische und kulturelle Entwicklungen über Jahrhunderte hinweg den Boden für die moderne KI-Forschung bereitet haben. Durch die Beleuchtung dieser Vorläufer wird ein reichhaltiger Kontext geschaffen, der es ermöglicht, aktuelle KI-Entwicklungen und -Debatten in einem breiteren historischen und kulturellen Rahmen zu verstehen.

3. DIE GEBURTSSTUNDE DER KI: DIE 1950ER

3.1 Der Turing-Test und seine Bedeutung

Alan Turing, ein britischer Mathematiker und Kryptoanalytiker, legte mit seinem 1950 veröffentlichten Artikel "Computing Machinery and Intelligence" einen Grundstein für die KI-Forschung.

1. Der Turing-Test:
   - Ziel: Bestimmung, ob eine Maschine menschenähnliche Intelligenz besitzt
   - Methode: Ein menschlicher Fragesteller kommuniziert über Text mit einem Menschen und einer Maschine
   - Ergebnis: Wenn der Fragesteller nicht zuverlässig zwischen Mensch und Maschine unterscheiden kann, hat die Maschine den Test bestanden

2. Bedeutung des Turing-Tests:
   - Operationalisierung des Konzepts "Intelligenz"
   - Fokussierung auf beobachtbares Verhalten statt innerer Prozesse
   - Anstoß zu Diskussionen über das Wesen von Intelligenz und Bewusstsein

3. Kritik am Turing-Test:
   - John Searles "Chinesisches Zimmer"-Argument: Hinterfragt, ob Simulation von Verständnis gleichbedeutend mit echtem Verständnis ist
   - Einwand der "Oberflächlichkeit": Der Test könnte durch geschickte Programmierung ohne echte Intelligenz bestanden werden

4. Moderne Varianten und Anwendungen:

- Loebner-Preis: Jährlicher Wettbewerb basierend auf dem Turing-Test
- CAPTCHA-Tests: Umkehrung des Turing-Tests zur Unterscheidung von Menschen und Maschinen im Internet

Der Turing-Test bleibt bis heute ein wichtiger Bezugspunkt in Diskussionen über KI und maschinelle Intelligenz.

3.2 Die Dartmouth-Konferenz 1956

Die Dartmouth-Konferenz gilt als Geburtsstunde der KI als eigenständige Forschungsdisziplin.

1. Organisation und Teilnehmer:
   - Organisatoren: John McCarthy, Marvin Minsky, Nathaniel Rochester, Claude Shannon
   - Ort: Dartmouth College, New Hampshire, USA
   - Dauer: 8 Wochen im Sommer 1956
   - Teilnehmer: Etwa 20 führende Wissenschaftler aus verschiedenen Disziplinen

2. Ziele der Konferenz:
   - Erforschung der Möglichkeit, Maschinen zu entwickeln, die Sprache verwenden, Abstraktionen und Konzepte bilden, Probleme lösen und sich selbst verbessern können
   - Prägung des Begriffs "Artificial Intelligence" durch John McCarthy

3. Diskutierte Themen:
   - Neuronale Netze (präsentiert von Walter Pitts)
   - Komplexitätstheorie (präsentiert von Ray Solomonoff)
   - Sprach- und Lerntheorie (präsentiert von Noam Chomsky)
   - Berechnungstheorie und Problemlösung

4. Ergebnisse und Auswirkungen:
   - Etablierung der KI als eigenständiges Forschungsfeld
   - Formulierung langfristiger Ziele für die KI-Forschung
   - Bildung einer Gemeinschaft von KI-Forschern
   - Anstoß für weitere Forschungsvorhaben und Finanzierungen

Die Dartmouth-Konferenz markierte den Beginn einer Ära des Optimismus und der hohen Erwartungen an die KI-Forschung.

3.3 Frühe KI-Pioniere und ihre Visionen

Die 1950er brachten eine Reihe visionärer Wissenschaftler hervor, die die Grundlagen der KI-Forschung legten:

1. John McCarthy (1927-2011):
   - Prägte den Begriff "Artificial Intelligence"
   - Entwickelte die Programmiersprache LISP, die lange Zeit in der KI-Forschung dominant war
   - Vision: Formale Repräsentation von Wissen und logisches Schließen

2. Marvin Minsky (1927-2016):
   - Mitbegründer des KI-Labors am MIT
   - Arbeitete an neuronalen Netzen und symbolischer KI
   - Vision: Verständnis und Nachbildung menschlicher kognitiver Prozesse

3. Allen Newell (1927-1992) und Herbert A. Simon (1916-2001):
   - Entwickelten den "Logic Theorist", eines der ersten KI-Programme
   - Prägten das Konzept der "physischen Symbolsysteme"
   - Vision: KI als Werkzeug zur Erforschung menschlicher Kognition

4. Arthur Samuel (1901-1990):
   - Pionier des maschinellen Lernens
   - Entwickelte ein Schachprogramm, das durch Spielen gegen sich selbst lernte
   - Vision: Selbstlernende Systeme

5. Frank Rosenblatt (1928-1971):
 - Erfinder des Perceptrons, eines frühen neuronalen Netzwerks
 - Vision: Maschinen, die lernen und generalisieren können

Diese Pioniere legten nicht nur technische Grundlagen, sondern prägten auch die Visionen und Ziele der KI-Forschung für Jahrzehnte.

3.4 Erste KI-Programme und -Demonstrationen

Die 1950er sahen die Entwicklung der ersten Programme, die als KI bezeichnet werden konnten:

1. Logic Theorist (1955):
   - Entwickelt von Allen Newell, Herbert A. Simon und Cliff Shaw
   - Konnte mathematische Theoreme beweisen
   - Gilt als erstes KI-Programm

2. General Problem Solver (GPS) (1957):
   - Ebenfalls von Newell und Simon entwickelt
   - Zielte darauf ab, eine Vielzahl von Problemen zu lösen
   - Verwendete Mittel-Ziel-Analyse als Problemlösungsstrategie

3. Samuel's Checkers Player (1952):
   - Entwickelt von Arthur Samuel
   - Lernte durch Spielen gegen sich selbst
   - Demonstrierte frühe Formen des maschinellen Lernens

4. ELIZA (1966):
   - Entwickelt von Joseph Weizenbaum am MIT
   - Simulierte einen Psychotherapeuten durch Musterabgleich und Umformulierung von Eingaben
   - Zeigte die Möglichkeiten und Grenzen der natürlichen Sprachverarbeitung

5. Perceptron (1957):
   - Entwickelt von Frank Rosenblatt

- Frühes Modell eines künstlichen neuronalen Netzwerks
- Konnte einfache Mustererkennungsaufgaben durchführen

Diese frühen Programme demonstrierten das Potenzial der KI in verschiedenen Bereichen wie Problemlösung, Spiele, Sprachverarbeitung und Mustererkennung.

3.5 Gesellschaftliche Reaktionen auf die Idee der KI

Die Entstehung der KI als Forschungsfeld rief vielfältige Reaktionen in der Gesellschaft hervor:

1. Wissenschaftliche Gemeinschaft:
   - Großer Enthusiasmus und hohe Erwartungen
   - Kontroversen über die Möglichkeit und Wünschbarkeit "denkender Maschinen"

2. Medien und Öffentlichkeit:
   - Faszination für die Idee "intelligenter Maschinen"
   - Sensationalistische Berichterstattung über die Möglichkeiten der KI
   - Science-Fiction-Literatur und -Filme griffen KI-Themen verstärkt auf

3. Wirtschaft und Industrie:
   - Zunehmendes Interesse an potenziellen Anwendungen
   - Erste Investitionen in KI-Forschung und -Entwicklung

4. Politik und Militär:
   - Erkennung des strategischen Potenzials von KI
   - Beginn der Förderung von KI-Forschung durch Regierungsbehörden (z.B. DARPA in den USA)

5. Philosophie und Ethik:
   - Diskussionen über die Natur von Intelligenz und Bewusstsein
   - Erste ethische Bedenken bezüglich der Entwicklung und Anwendung von KI

Die 1950er legten den Grundstein für die KI-Forschung und prägten viele der Visionen und Konzepte, die bis heute die Entwicklung der KI beeinflussen. Der anfängliche Optimismus dieser Ära sollte in den folgenden Jahrzehnten sowohl Höhen als auch Tiefen erleben.

3.6 Zusammenfassung

Kapitel 3 beleuchtet die entscheidende Dekade, in der die Künstliche Intelligenz als eigenständiges Forschungsfeld entstand. Hier die Kernpunkte:

1. Der Turing-Test und seine Bedeutung: Das Kapitel beginnt mit einer detaillierten Diskussion von Alan Turings bahnbrechendem Artikel "Computing Machinery and Intelligence" (1950). Es erklärt den Turing-Test, seine Implikationen für die Definition von Intelligenz und seine anhaltende Bedeutung für die KI-Forschung. Kritiken und moderne Varianten des Tests werden ebenfalls erörtert.

2. Die Dartmouth-Konferenz 1956: Ein zentraler Abschnitt widmet sich der legendären Dartmouth-Konferenz, die allgemein als Geburtsstunde der KI als Forschungsdisziplin gilt. Die Ziele, Teilnehmer und Ergebnisse dieser Konferenz werden ausführlich diskutiert, ebenso wie ihre langfristigen Auswirkungen auf die Entwicklung des Feldes.

3. Frühe KI-Pioniere und ihre Visionen: Das Kapitel stellt die wichtigsten Persönlichkeiten vor, die in den 1950er die Grundlagen der KI-Forschung legten. Dazu gehören John McCarthy, Marvin Minsky, Allen Newell, Herbert A. Simon und andere. Ihre unterschiedlichen Ansätze, Visionen und Beiträge werden beleuchtet.

4. Erste KI-Programme und -Demonstrationen: Es folgt eine Übersicht über die ersten konkreten KI-Programme und -Demonstrationen dieser Ära. Dazu gehören der Logic Theorist, der General Problem Solver (GPS), frühe Schachprogramme und ELIZA. Die technischen Grundlagen, Fähigkeiten und

Grenzen dieser frühen Systeme werden erläutert.

5. Gesellschaftliche Reaktionen auf die Idee der KI: Abschließend wird die öffentliche und wissenschaftliche Rezeption der neu entstandenen KI-Forschung untersucht. Das Kapitel beleuchtet den anfänglichen Optimismus, aber auch frühe Bedenken und Kontroversen rund um die Idee "denkender Maschinen".

Das Kapitel zeichnet ein lebendiges Bild der Entstehung der KI als Forschungsfeld. Es zeigt, wie aus einer Kombination von technologischen Fortschritten, visionären Ideen und institutioneller Unterstützung ein neues wissenschaftliches Paradigma entstand. Gleichzeitig werden die Wurzeln vieler noch heute relevanter Fragen und Debatten in der KI-Forschung sichtbar gemacht.

Die 1950er werden als eine Zeit des Aufbruchs und der großen Erwartungen dargestellt, in der die Grundlagen für die weitere Entwicklung der KI gelegt wurden. Das Kapitel bereitet den Leser auf die Diskussion der folgenden Jahrzehnte vor, in denen sich die hochgesteckten Erwartungen dieser Pionierzeit mit den praktischen Herausforderungen der KI-Entwicklung messen mussten.

4. FRÜHE ERFOLGE UND OPTIMISMUS: DIE 1960ER

4.1 Entwicklung der ersten KI-Sprachen (LISP, PROLOG)

Die 1960er sahen die Entwicklung spezialisierter Programmiersprachen, die besonders gut für KI-Anwendungen geeignet waren:

1. LISP (LISt Processor):
   - Entwickelt von John McCarthy 1958, weitverbreitet in den 1960ern
   - Eigenschaften:
     - Behandlung von Code als Daten (Homoikonizität)
     - Dynamische Typisierung
     - Automatische Speicherverwaltung (Garbage Collection)
   - Anwendungen:
     - Symbolische Verarbeitung
     - Natürliche Sprachverarbeitung
     - Maschinelles Lernen

2. PROLOG (PROgramming in LOGic):
   - Entwickelt von Alain Colmerauer und Philippe Roussel 1972 (späte 60er/frühe 70er)
   - Eigenschaften:
     - Logikbasierte Programmierung
     - Deklarativer Ansatz
     - Eingebauter Inferenzmechanismus
   - Anwendungen:
     - Expertensysteme
     - Natürliche Sprachverarbeitung
     - Wissensrepräsentation

Diese Sprachen ermöglichten es Forschern, KI-Konzepte

effizienter zu implementieren und zu testen, was zu einer Beschleunigung der Forschung führte.

4.2 Erfolge in der Problemlösung und Spieltheorie

Die 1960er brachten bedeutende Fortschritte in der Entwicklung von Problemlösungsalgorithmen und KI für Spiele:

1. General Problem Solver (GPS):
   - Weiterentwicklung des 1957 eingeführten Systems
   - Ziel: Lösung einer breiten Palette von Problemen
   - Verwendete Mittel-Ziel-Analyse
   - Begrenzte Erfolge, aber wichtige theoretische Erkenntnisse

2. Schachprogramme:
   - Fortschritte in der Schach-KI
   - 1967: MacHack VI (Richard Greenblatt) schlug einen Menschen mit Clubspieler-Niveau
   - Entwicklung von Algorithmen wie Alpha-Beta-Pruning zur Verbesserung der Spielbaumsuche

3. Theorembeweiser:
   - Fortschritte in automatischen Beweissystemen
   - 1963: Programm von J.A. Robinson beweist kompliziertere mathematische Theoreme

4. Planungssysteme:
   - STRIPS (STanford Research Institute Problem Solver) 1971
   - Grundlage für viele spätere KI-Planungssysteme

Diese Erfolge nährten den Optimismus, dass KI-Systeme bald in der Lage sein würden, komplexe menschliche Denkprozesse nachzuahmen.

4.3 Frühe natürliche Sprachverarbeitungssysteme

Die 1960er sahen die Entwicklung der ersten Systeme zur Verarbeitung natürlicher Sprache:

1. Maschinelle Übersetzung:
   - Anfänglicher Optimismus in den frühen 1960ern
   - 1966: ALPAC-Bericht dämpfte die Erwartungen und führte zu Kürzungen der Forschungsgelder

2. ELIZA (1966):
   - Entwickelt von Joseph Weizenbaum am MIT
   - Simulierte einen Psychotherapeuten durch Musterabgleich
   - Zeigte sowohl Möglichkeiten als auch Grenzen der natürlichen Sprachverarbeitung

3. SHRDLU (1968-1970):
   - Entwickelt von Terry Winograd am MIT
   - Konnte natürlichsprachliche Befehle in einer Blockwelt verstehen und ausführen
   - Demonstrierte Zusammenhang zwischen Sprache, Verstehen und Handeln

4. Semantische Netze:
   - Entwickelt von Ross Quillian (1966)
   - Darstellung von Wissen in Form von Knoten und Kanten
   - Grundlage für spätere Entwicklungen in der Wissensrepräsentation

Diese frühen Systeme zeigten das Potenzial, aber auch die Herausforderungen der Verarbeitung natürlicher Sprache durch Computer.

4.4 Fortschritte in der Mustererkennung

Die 1960er brachten wichtige Fortschritte in der computergestützten Mustererkennung:

1. Optische Zeichenerkennung (OCR):
    - Erste kommerzielle OCR-Systeme in den frühen 1960ern
    - 1965: Erster Postleitzahlenleser in den USA eingesetzt

2. Spracherkennung:
    - 1962: IBM Shoebox konnte 16 gesprochene Wörter erkennen
    - Späte 1960er: Erste Versuche mit kontinuierlicher Spracherkennung

3. Bildverarbeitung:
    - Entwicklung grundlegender Algorithmen zur Kantenerkennung und Bildsegmentierung
    - 1963: Roberts Edge Detector, einer der ersten Algorithmen zur Kantenerkennung

4. Neuronale Netze:
    - Weiterentwicklung des Perceptron-Modells
    - 1969: Minsky und Papert veröffentlichen "Perceptrons", was zu einer Verlangsamung der Forschung an neuronalen Netzen führte

Diese Fortschritte legten den Grundstein für viele moderne Anwendungen in der Bild- und Sprachverarbeitung.

4.5 KI in der Robotik: Die ersten Schritte

Die 1960er sahen die ersten Versuche, KI-Techniken in der Robotik einzusetzen:

1. Shakey the Robot (1966-1972):
   - Entwickelt am Stanford Research Institute
   - Erster mobiler Roboter, der logisches Denken zur Ausführung von Aufgaben nutzte
   - Konnte einfache Befehle ausführen und Hindernisse umgehen

2. Freddy Hand-Eye Robot (1969):
   - Entwickelt an der Universität Edinburgh
   - Konnte Objekte erkennen und manipulieren
   - Früher Versuch der Integration von Computer Vision und Robotik

3. Stanford Arm (1969):
   - Entwickelt an der Stanford University
   - Einer der ersten erfolgreichen Roboterarme für präzise Manipulation
   - Grundlage für viele spätere industrielle Roboteranwendungen

4. Theoretische Grundlagen:
   - Entwicklung von Algorithmen für Pfadplanung und Kollisionsvermeidung
   - Erste Versuche, Roboter mit Sensoren auszustatten und ihre Umgebung wahrzunehmen

Diese frühen Robotersysteme demonstrierten das Potenzial der Integration von KI und physischen Systemen, legten aber auch die enormen Herausforderungen in diesem Bereich offen.

Die 1960er waren eine Zeit großen Optimismus in der KI-Forschung. Bedeutende Fortschritte in verschiedenen Bereichen nährten die Hoffnung, dass wahrhaft intelligente Maschinen in greifbarer Nähe seien. Dieser Optimismus sollte in den folgenden Jahrzehnten auf die Probe gestellt werden, aber die in dieser Zeit gelegten Grundlagen blieben entscheidend für die weitere Entwicklung des Feldes.

4.6 Zusammenfassung

Kapitel 4 beleuchtet die 1960er, eine Ära des Optimismus und bedeutender Fortschritte in der KI-Forschung. Hier die Kernpunkte:

1. Entwicklung der ersten KI-Sprachen: Das Kapitel beginnt mit der Entstehung spezialisierter Programmiersprachen für KI. LISP und PROLOG werden ausführlich diskutiert, einschließlich ihrer Eigenschaften, Anwendungen und langfristigen Bedeutung für die KI-Entwicklung.

2. Erfolge in der Problemlösung und Spieltheorie: Ein wichtiger Abschnitt widmet sich den Fortschritten in der Entwicklung von Problemlösungsalgorithmen. Der General Problem Solver (GPS) wird detailliert betrachtet, ebenso wie Fortschritte in der Schach-KI und anderen Spielen. Die Bedeutung dieser Erfolge für das Verständnis menschlicher Kognition wird herausgearbeitet.

3. Frühe natürliche Sprachverarbeitungssysteme: Das Kapitel untersucht die ersten Versuche, natürliche Sprache durch Computer zu verarbeiten. ELIZA und SHRDLU werden als Fallstudien präsentiert, und die Herausforderungen und Grenzen dieser frühen Systeme werden diskutiert.

4. Fortschritte in der Mustererkennung: Die Anfänge der Computergestützten Mustererkennung werden beleuchtet, einschließlich früher Erfolge in der optischen Zeichenerkennung (OCR) und Spracherkennung. Die Grundlagen für spätere Entwicklungen in der Computer Vision werden gelegt.

5. KI in der Robotik: Die ersten Schritte: Abschließend wird die Verbindung von KI und Robotik in den 1960er untersucht. Projekte wie Shakey the Robot werden vorgestellt und ihre Bedeutung für die Integration von KI in physische Systeme herausgearbeitet.

Das Kapitel zeichnet ein Bild der 1960er als eine Zeit großer Hoffnungen und bedeutender Fortschritte in der KI. Es zeigt, wie die grundlegenden Ideen der 1950er in konkrete Systeme und Anwendungen umgesetzt wurden. Gleichzeitig werden die Grenzen dieser frühen Erfolge und die Herausforderungen, die in den kommenden Jahrzehnten angegangen werden mussten, deutlich gemacht.

Die 1960er werden als entscheidende Phase in der Entwicklung der KI dargestellt, in der viele Grundlagen für spätere Fortschritte gelegt wurden. Das Kapitel bereitet den Leser auf die Diskussion der folgenden Jahrzehnte vor, in denen der anfängliche Optimismus mit zunehmenden technischen und konzeptionellen Herausforderungen konfrontiert wurde.

5. EXPERTENSYSTEME WISSENSBASIERTE ANSÄTZE:DIE 1970ER

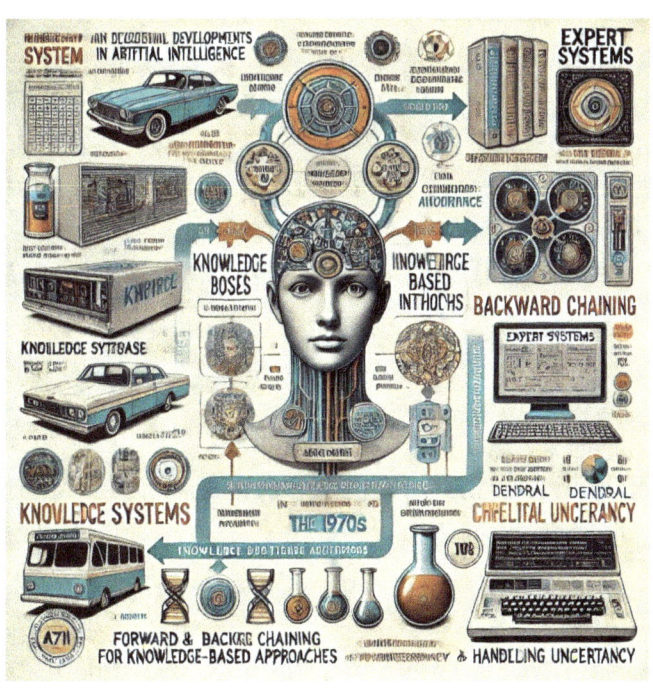

5.1 Grundlagen der Expertensysteme

Expertensysteme waren ein bedeutender Fortschritt in der KI-Forschung der 1970er und markierten den Beginn der "wissensbasierten" KI-Ära:

1. Definition:
   - Computerprogramme, die das Wissen und die Schlussfolgerungsfähigkeiten menschlicher Experten in einem spezifischen Bereich nachahmen

2. Struktur eines Expertensystems:
   - Wissensbasis: Enthält das Fachwissen in Form von Regeln und Fakten
   - Inferenzmaschine: Wendet die Regeln auf die Fakten an, um Schlussfolgerungen zu ziehen
   - Benutzerschnittstelle: Ermöglicht die Interaktion mit dem System

3. Vorteile:
   - Konservierung von Expertenwissen
   - Konsistente Anwendung von Regeln
   - Möglichkeit der Erklärung von Schlussfolgerungen

4. Herausforderungen:
   - Schwierigkeit der Wissensextraktion ("Knowledge Engineering")
   - Umgang mit Unsicherheit und unvollständigem Wissen
   - Begrenzung auf enge Domänen

Expertensysteme stellten einen Paradigmenwechsel in der KI dar, weg von allgemeinen Problemlösern hin zu spezialisierten, wissensintensiven Systemen.

5.2 MYCIN und medizinische Diagnose

MYCIN war eines der einflussreichsten frühen Expertensysteme und ein Meilenstein in der medizinischen KI:

1. Entwicklung:
 - Entworfen von Edward Shortliffe an der Stanford University (1972-1976)
 - Ziel: Diagnose und Behandlungsempfehlung für Blutinfektionen

2. Funktionsweise:
 - Verwendete etwa 600 Regeln zur Diagnosestellung
 - Implementierte Umgang mit Unsicherheit durch Konfidenzfaktoren
 - Konnte Fragen stellen, um zusätzliche Informationen zu erhalten

3. Leistung:
 - In Tests oft genauer als unerfahrene Ärzte
 - Konnte Entscheidungsprozesse erklären

4. Bedeutung:
 - Demonstrierte das Potenzial von KI in der Medizin
 - Führte zur Entwicklung der EMYCIN-Shell für andere Expertensysteme
 - Warf ethische Fragen zur Rolle von KI in der medizinischen Entscheidungsfindung auf

5. Herausforderungen:
 - Wurde nie klinisch eingesetzt, hauptsächlich aus

rechtlichen und ethischen Gründen
- Zeigte Grenzen des regelbasierten Ansatzes in komplexen Domänen

MYCIN war wegweisend für die Entwicklung medizinischer KI-Systeme und beeinflusste die Forschung in den folgenden Jahrzehnten maßgeblich.

5.3 DENDRAL und chemische Analyse

DENDRAL war ein frühes und einflussreiches Expertensystem, das sich auf die chemische Analyse spezialisierte:

1. Entwicklung:
   - Begonnen 1965 an der Stanford University unter Leitung von Edward Feigenbaum und Joshua Lederberg
   - Eines der ersten wissensbasierten Expertensysteme

2. Ziel:
   - Bestimmung der molekularen Struktur organischer Verbindungen basierend auf Massenspektrometrie-Daten und chemischem Wissen

3. Funktionsweise:
   - Verwendete heuristische Regeln, um den Suchraum möglicher Strukturen einzuschränken
   - Kombinierte chemisches Wissen mit Datenanalyse

4. Bedeutung:
   - Demonstrierte die Möglichkeit, Expertenwissen in einem komplexen wissenschaftlichen Bereich zu formalisieren
   - Führte zur Entwicklung von Meta-DENDRAL, einem System zum automatischen Lernen von Regeln aus Daten

5. Auswirkungen:
   - Beeinflusste die Entwicklung weiterer wissenschaftlicher Expertensysteme
   - Zeigte das Potenzial der KI in der wissenschaftlichen Forschung

DENDRAL war ein Pionier in der Anwendung von KI auf wissenschaftliche Probleme und legte den Grundstein für viele spätere Entwicklungen in diesem Bereich.

5.4 Entwicklung von Inferenzmaschinen

Die Entwicklung effizienter Inferenzmaschinen war entscheidend für den Erfolg von Expertensystemen:

1. Vorwärtsverkettung:
   - Beginnt mit bekannten Fakten und wendet Regeln an, um neue Schlussfolgerungen zu ziehen
   - Geeignet für Probleme mit vielen bekannten Fakten und wenigen möglichen Schlussfolgerungen

2. Rückwärtsverkettung:
   - Beginnt mit einem Ziel und sucht nach Regeln und Fakten, die es unterstützen
   - Effizient für Probleme mit vielen möglichen Lösungen, aber wenigen Zielen

3. Hybride Ansätze:
   - Kombination von Vorwärts- und Rückwärtsverkettung
   - Versuch, die Vorteile beider Methoden zu nutzen

4. Umgang mit Unsicherheit:
   - Entwicklung von Methoden wie Konfidenzfaktoren (MYCIN) oder Fuzzy-Logik
   - Versuch, die Unschärfe menschlichen Wissens und Schließens nachzubilden

5. Erklärungskomponenten:
   - Entwicklung von Mechanismen, um die Schlussfolgerungen des Systems zu erklären
   - Wichtig für die Akzeptanz und Überprüfung der Systeme

Die Fortschritte in der Entwicklung von Inferenzmaschinen ermöglichten es, immer komplexere und leistungsfähigere Expertensysteme zu erstellen.

5.5 Grenzen und Kritik an Expertensystemen

Trotz ihrer Erfolge stießen Expertensysteme auf verschiedene Herausforderungen und Kritikpunkte:

1. Wissensakquisition:
   - "Flaschenhals" der Wissensextraktion von menschlichen Experten
   - Zeitaufwändig und fehleranfällig
   - Schwierigkeit, implizites Wissen zu formalisieren

2. Mangelnde Flexibilität:
   - Systeme waren oft auf sehr spezifische Domänen beschränkt
   - Schwierigkeiten bei der Anpassung an neue oder unvorhergesehene Situationen

3. Umgang mit Unsicherheit:
   - Trotz Fortschritten blieb der Umgang mit unsicherem oder widersprüchlichem Wissen eine Herausforderung

4. Erklärbarkeit:
   - Obwohl besser als "Black Box"-Systeme, waren die Erklärungen oft zu vereinfacht oder schwer verständlich

5. Skalierbarkeit:
   - Mit zunehmender Größe der Wissensbasis wurden die Systeme oft langsamer und schwieriger zu warten

6. Fehlendes Lernvermögen:
   - Die meisten frühen Expertensysteme konnten nicht aus Erfahrung lernen oder ihr Wissen automatisch aktualisieren

7. Ethische und rechtliche Bedenken:
   - Fragen der Verantwortlichkeit bei Fehlentscheidungen
   - Bedenken hinsichtlich des Ersetzens menschlicher Experten

8. Überhöhte Erwartungen:
   - Der anfängliche Enthusiasmus führte zu unrealistischen Erwartungen
   - Enttäuschung, als die Grenzen der Systeme deutlich wurden

Diese Grenzen und Kritikpunkte führten in den späten 1980er und frühen 1990er zu einem Rückgang des Interesses an Expertensystemen und trugen zum sogenannten "KI-Winter" bei. Dennoch legten die Erfahrungen mit Expertensystemen wichtige Grundlagen für spätere Entwicklungen in der KI, insbesondere im Bereich der Wissensrepräsentation und des Schlussfolgerns.

Die Ära der Expertensysteme in den 1970er markierte einen wichtigen Schritt in der Entwicklung der KI. Sie zeigte sowohl das Potenzial als auch die Herausforderungen wissensbasierter Ansätze und legte den Grundstein für viele spätere Entwicklungen in der KI-Forschung.

5.6 Zusammenfassung

Kapitel 5 konzentriert sich auf die Entwicklung von Expertensystemen und wissensbasierten Ansätzen in den 1970er, eine entscheidende Phase in der KI-Geschichte. Hier die Kernpunkte:

1. Grundlagen der Expertensysteme: Das Kapitel beginnt mit einer Erklärung des Konzepts und der Struktur von Expertensystemen. Es werden die Komponenten (Wissensbasis, Inferenzmaschine, Benutzerschnittstelle) und die Vorteile dieser Systeme erläutert, sowie die Herausforderungen bei ihrer Entwicklung diskutiert.

2. MYCIN und medizinische Diagnose: Ein ausführlicher Abschnitt widmet sich MYCIN, einem bahnbrechenden Expertensystem für medizinische Diagnosen. Die Funktionsweise, Leistungsfähigkeit und Grenzen von MYCIN werden analysiert, ebenso wie seine Bedeutung für die weitere Entwicklung medizinischer KI-Anwendungen.

3. DENDRAL und chemische Analyse: Das Kapitel untersucht DENDRAL, ein frühes Expertensystem für die chemische Analyse. Es wird gezeigt, wie DENDRAL die Möglichkeiten der Formalisierung wissenschaftlichen Wissens demonstrierte und zur Entwicklung weiterer wissenschaftlicher Expertensysteme führte.

4. Entwicklung von Inferenzmaschinen: Die technischen Fortschritte bei der Entwicklung von Inferenzmaschinen werden beleuchtet. Verschiedene Ansätze wie Vorwärts- und Rückwärtsverkettung, sowie Methoden zum Umgang mit Unsicherheit werden diskutiert.

5. Grenzen und Kritik an Expertensystemen: Abschließend werden die Grenzen und Kritikpunkte an Expertensystemen erörtert. Themen wie der "Flaschenhals der Wissensextraktion", die mangelnde Flexibilität und Lernfähigkeit, sowie ethische und rechtliche Bedenken werden behandelt.

Das Kapitel zeichnet die Entwicklung der Expertensysteme als einen wichtigen Paradigmenwechsel in der KI-Forschung nach. Es zeigt, wie der Fokus von allgemeinen Problemlösungsansätzen auf die Modellierung spezifischen Expertenwissens verlagert wurde. Die Erfolge der Expertensysteme in verschiedenen Domänen werden hervorgehoben, gleichzeitig aber auch die Grenzen und Herausforderungen dieser Technologie kritisch beleuchtet.

Die 1970er werden als eine Zeit dargestellt, in der die KI-Forschung praktische Anwendungen in spezifischen Bereichen entwickelte und damit ihre Relevanz für reale Probleme demonstrierte. Das Kapitel bereitet den Leser auf die Diskussion der folgenden Jahrzehnte vor, in denen die Grenzen der Expertensysteme deutlich wurden und neue Ansätze entwickelt werden mussten.

6. DER KI-WINTER: HERAUSFORDERUNGEN UND RÜCKSCHLÄGE

6.1 Überzogene Erwartungen und Enttäuschungen

Der Begriff "KI-Winter" beschreibt eine Periode reduzierter Finanzierung und Interesse an KI-Forschung, die hauptsächlich durch nicht erfüllte hohe Erwartungen verursacht wurde:

1. Ursprung der hohen Erwartungen:
   - Frühe Erfolge in den 1950er und 1960er
   - Optimistische Prognosen von KI-Pionieren
   - Medienberichterstattung, die oft die Möglichkeiten der KI übertrieb

2. Hauptversprechen:
   - Allgemeine Problemlöser
   - Maschinenübersetzung
   - Robuste natürliche Sprachverarbeitung
   - Computervisionen auf menschlichem Niveau

3. Realität vs. Erwartungen:
   - Komplexität vieler KI-Probleme wurde unterschätzt
   - Begrenzte Rechenleistung und Datenverfügbarkeit
   - Schwierigkeiten bei der Verallgemeinerung von Lösungen über enge Domänen hinaus

4. Folgen der Enttäuschungen:
   - Skeptizismus in der wissenschaftlichen Gemeinschaft
   - Reduziertes Interesse von Investoren und Regierungen
   - Negative öffentliche Wahrnehmung der KI

5. Zeitliche Einordnung:
   - Erster KI-Winter: Mitte 1970er bis Mitte 1980er

- Zweiter KI-Winter: Ende 1980er bis Mitte 1990er

Die überzogenen Erwartungen und darauf folgenden Enttäuschungen führten zu einer Neuausrichtung und Neubewertung der Ziele und Methoden in der KI-Forschung.

6.2 Finanzierungsprobleme und Kritik

Der KI-Winter hatte erhebliche Auswirkungen auf die Finanzierung und führte zu verstärkter Kritik an der KI-Forschung:

1. Reduzierung der Regierungsförderung:
   - USA: DARPA kürzte Finanzierung für KI-Projekte drastisch
   - Großbritannien: Alvey-Programm wurde eingestellt
   - Japan: Ehrgeiziges Fifth Generation Computer Project scheiterte

2. Rückzug privater Investoren:
   - Viele KI-Startups gingen bankrott oder wurden aufgekauft
   - Große Unternehmen reduzierten ihre KI-Forschungsabteilungen

3. Akademische Auswirkungen:
   - Reduzierung von KI-spezifischen Forschungsprogrammen
   - Umbenennungen von KI-Laboren zu weniger kontroversen Namen

4. Kritik aus der Wissenschaftsgemeinschaft:
   - Vorwürfe der Übertreibung und des Hypes
   - Forderungen nach mehr Rigorosität und empirischer Validierung

5. Öffentliche Kritik:
   - Medienberichte über gescheiterte KI-Projekte
   - Wachsende Skepsis gegenüber den Versprechungen der KI

6. Ethische Bedenken:
   - Sorgen über potenzielle negative Auswirkungen der KI auf

Arbeitsplätze
- Diskussionen über die ethischen Implikationen autonomer Systeme

Die Finanzierungsprobleme und die zunehmende Kritik zwangen die KI-Gemeinschaft, ihre Ansätze zu überdenken und realistischere Ziele zu setzen.

6.3 Technische Limitationen und Skalierungsprobleme

Viele der Herausforderungen, die zum KI-Winter führten, waren technischer Natur:

1. Rechnerleistung:
   - Begrenzte Prozessorgeschwindigkeit und Speicherkapazität
   - Hohe Kosten für leistungsfähige Computer

2. Datenvolumen:
   - Mangel an großen, qualitativ hochwertigen Datensätzen
   - Schwierigkeiten bei der Datenerfassung und -speicherung

3. Algorithmen:
   - Ineffiziente Algorithmen für komplexe Probleme
   - Schwierigkeiten bei der Verallgemeinerung von Lösungen

4. Wissensrepräsentation:
   - Herausforderungen bei der Formalisierung von Alltagswissen
   - "Flaschenhals" der Wissensakquisition in Expertensystemen

5. Skalierungsprobleme:
   - Lösungen, die für einfache Probleme funktionierten, versagten oft bei komplexeren Aufgaben
   - Exponentieller Anstieg der Rechenzeit bei wachsender Problemgröße

6. Robustheit:
   - KI-Systeme waren oft fragil und versagten in unerwarteten

Situationen

7. Integration:
   - Schwierigkeiten bei der Integration verschiedener KI-Techniken zu umfassenderen Systemen

Diese technischen Limitationen machten deutlich, dass viele KI-Probleme komplexer waren als ursprünglich angenommen, und führten zu einer Neubewertung der Forschungsansätze.

6.4 Philosophische Kritik: Das chinesische Zimmer

John Searles Gedankenexperiment des "Chinesischen Zimmers" (1980) stellte eine bedeutende philosophische Herausforderung für die KI-Forschung dar:

1. Das Gedankenexperiment:
   - Eine Person, die kein Chinesisch versteht, sitzt in einem Zimmer
   - Sie erhält chinesische Schriftzeichen und folgt Anweisungen in ihrer Muttersprache
   - Die Anweisungen ermöglichen es ihr, sinnvolle chinesische Antworten zu geben

2. Searles Argument:
   - Das Zimmer scheint Chinesisch zu verstehen, aber die Person darin nicht
   - Analogie zu Computern: Sie können Symbole manipulieren, aber nicht verstehen

3. Implikationen für KI:
   - Infragestellung der Möglichkeit echter künstlicher Intelligenz
   - Unterscheidung zwischen Simulation und echtem Verständnis

4. Gegenargumente:
   - Systemantwort: Das Verständnis liegt im Gesamtsystem, nicht in einzelnen Komponenten
   - Emergenz-Argument: Verständnis könnte aus der Komplexität des Systems entstehen

5. Auswirkungen auf die KI-Forschung:

- Verstärkte Debatte über die Natur von Intelligenz und Bewusstsein

- Anregung zur Entwicklung alternativer KI-Ansätze (z.B. Konnektionismus)

6. Andauernde Relevanz:

- Das Argument wird bis heute in KI-Ethik und -Philosophie diskutiert

- Beeinflusst Diskussionen über starke vs. schwache KI

Searles Kritik trug zur Vertiefung der philosophischen Debatte über KI bei und zwang Forscher, grundlegende Annahmen über Intelligenz und Kognition zu überdenken.

6.5 Auswirkungen auf die KI-Forschungsgemeinschaft

Der KI-Winter hatte tiefgreifende Auswirkungen auf die Forschungsgemeinschaft und führte zu bedeutenden Veränderungen:

1. Neuausrichtung der Forschungsschwerpunkte:
    - Verschiebung von allgemeinen zu spezifischen Problemen
    - Fokus auf anwendungsorientierte Forschung

2. Methodologische Veränderungen:
    - Verstärkter Einsatz empirischer Methoden
    - Größere Betonung mathematischer Grundlagen

3. Fragmentierung des Feldes:
    - Aufspaltung in Teilbereiche wie Maschinelles Lernen, Computer Vision, etc.
    - Engere Verbindungen zu verwandten Disziplinen (z.B. Kognitionswissenschaft, Statistik)

4. Karriereauswirkungen:
    - Viele Forscher wechselten in verwandte Felder
    - Reduzierung von KI-spezifischen akademischen Positionen

5. Internationale Verschiebungen:
    - Reduzierung der Dominanz der USA in der KI-Forschung
    - Aufstieg europäischer und asiatischer Forschungszentren

6. Kommunikation und Erwartungsmanagement:
    - Vorsichtigere Formulierung von Forschungszielen und -ergebnissen
    - Verstärkte Bemühungen um realistische Einschätzungen der KI-Möglichkeiten

7. Langfristige positive Effekte:
   - Förderung von Kreativität und neuen Ansätzen
   - Stärkung der theoretischen Grundlagen der KI

8. Lehren für zukünftige Generationen:
   - Bewusstsein für die Gefahren überzogener Versprechungen
   - Betonung der Wichtigkeit realistischer Zielsetzungen und gründlicher Forschung

Der KI-Winter, obwohl eine herausfordernde Zeit für das Feld, führte letztendlich zu einer reiferen und robusteren KI-Forschungsgemeinschaft. Die Lehren aus dieser Zeit beeinflussten die Entwicklung der KI in den folgenden Jahrzehnten maßgeblich und trugen zur Vorbereitung des späteren Aufschwungs bei.

6.6 Zusammenfassung

Kapitel 6 behandelt die Phase des sogenannten "KI-Winters", eine Zeit der Ernüchterung und Rückschläge in der KI-Forschung. Hier die Kernpunkte:

1. Überzogene Erwartungen und Enttäuschungen: Das Kapitel beginnt mit einer Analyse der hochgesteckten Erwartungen der frühen KI-Ära und erklärt, warum viele dieser Versprechen nicht erfüllt werden konnten. Es wird gezeigt, wie Medienberichterstattung und optimistische Prognosen zu unrealistischen Vorstellungen führten.

2. Finanzierungsprobleme und Kritik: Ein wichtiger Abschnitt widmet sich den finanziellen Auswirkungen der nicht erfüllten Erwartungen. Die Kürzung von Forschungsgeldern, insbesondere durch Regierungsbehörden wie DARPA, wird diskutiert. Auch die zunehmende Kritik aus der wissenschaftlichen Gemeinschaft und der Öffentlichkeit wird beleuchtet.

3. Technische Limitationen und Skalierungsprobleme: Das Kapitel untersucht die technischen Herausforderungen, die zum KI-Winter beitrugen. Dazu gehören die begrenzten Rechenkapazitäten, Schwierigkeiten bei der Verallgemeinerung von Lösungen und Probleme bei der Skalierung von KI-Systemen auf komplexere Aufgaben.

4. Philosophische Kritik: Das chinesische Zimmer: Ein Abschnitt widmet sich John Searles Gedankenexperiment des "Chinesischen Zimmers" und dessen Auswirkungen auf die KI-Debatte. Die Implikationen für das Verständnis von Intelligenz und die Möglichkeit "echter" künstlicher Intelligenz werden

diskutiert.

5. Auswirkungen auf die KI-Forschungsgemeinschaft: Abschließend werden die Folgen des KI-Winters für die Forschungsgemeinschaft analysiert. Dies umfasst Veränderungen in Forschungsschwerpunkten, Karriereauswirkungen für KI-Forscher und die Fragmentierung des Feldes in spezialisierte Unterbereiche.

Das Kapitel zeichnet ein nuanciertes Bild des KI-Winters als eine Zeit der Herausforderungen, aber auch der notwendigen Neuorientierung. Es wird gezeigt, wie die Ernüchterung nach den anfänglichen Erfolgen zu einer realistischeren Einschätzung der Möglichkeiten und Grenzen der KI führte.

Der KI-Winter wird als wichtige Lernphase in der Geschichte der KI dargestellt, die letztlich zu robusteren und praktisch anwendbaren Ansätzen führte. Das Kapitel bereitet den Leser auf die Diskussion der folgenden Jahrzehnte vor, in denen neue Ansätze und Technologien die KI-Forschung wiederbelebten.

7. NEURONALE NETZE UND KONNEKTIONISMUS

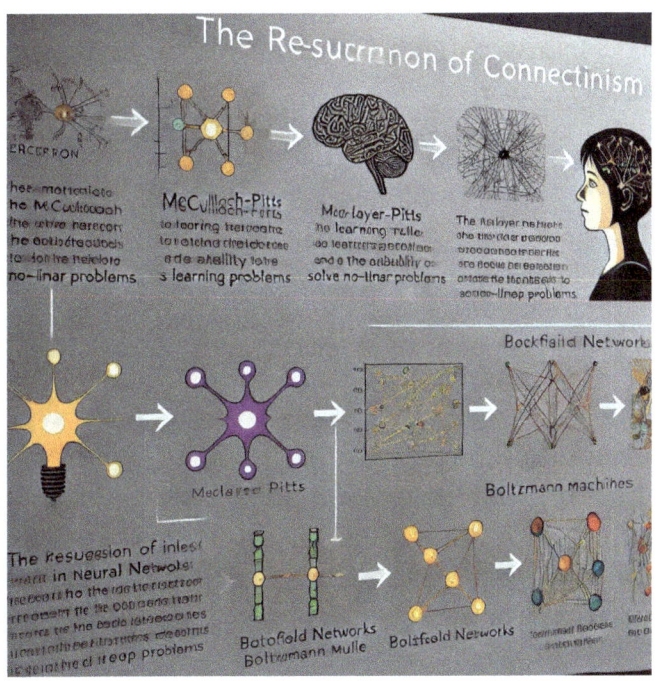

7.1 Grundlagen und historische Entwicklung

Neuronale Netze und der Konnektionismus stellen einen fundamentalen Ansatz in der KI dar, der von der Funktionsweise des menschlichen Gehirns inspiriert ist:

1. Frühe Inspiration:
   - 1943: McCulloch-Pitts-Neuron - erstes mathematisches Modell eines Neurons
   - 1949: Donald Hebb's Lernregel - "What fires together, wires together"

2. Erste Generation neuronaler Netze:
   - 1958: Rosenblatt's Perceptron - erster trainierbare neuronaler Netzwerktyp
   - 1960er: ADALINE und MADALINE - adaptive lineare Elemente

3. Konnektionistische Idee:
   - Intelligenz entsteht aus der Interaktion vieler einfacher Einheiten
   - Parallele Verarbeitung statt sequentieller Symbolmanipulation

4. Grundprinzipien:
   - Neuronen als grundlegende Verarbeitungseinheiten
   - Gewichtete Verbindungen zwischen Neuronen
   - Aktivierungsfunktionen zur Bestimmung der Neuronenausgabe
   - Lernen durch Anpassung der Verbindungsgewichte

5. Vorteile des Ansatzes:
  - Fähigkeit zur Mustererkennung und Generalisierung
  - Robustheit gegenüber Rauschen und unvollständigen Daten
  - Parallele Verarbeitung und potenzielle Hardwareimplementierung

Die historische Entwicklung neuronaler Netze war von Höhen und Tiefen geprägt, bildete aber die Grundlage für viele moderne KI-Durchbrüche.

7.2 Perceptron und seine Grenzen

Das Perceptron, entwickelt von Frank Rosenblatt, war ein Meilenstein in der frühen Entwicklung neuronaler Netze:

1. Struktur des Perceptrons:
   - Eingabeschicht mit Sensorknoten
   - Gewichtete Verbindungen
   - Ausgabeneuron mit Schwellwertfunktion

2. Lernalgorithmus:
   - Überwachtes Lernen durch Anpassung der Gewichte
   - Konvergenztheorem: garantierte Konvergenz für linear trennbare Probleme

3. Frühe Erfolge:
   - Einfache Klassifikationsaufgaben
   - Mustererkennung in binären Bildern

4. Grenzen des Perceptrons:
   - 1969: Minsky und Papert's Buch "Perceptrons"
   - Nachweis der Unfähigkeit, nicht linear trennbare Probleme zu lösen (z.B. XOR-Problem)
   - Kritik an der begrenzten Repräsentationsfähigkeit

5. Auswirkungen:
   - Dämpfung des Enthusiasmus für neuronale Netze
   - Verlagerung der Forschung auf symbolische KI
   - Beitrag zum ersten KI-Winter

6. Spätere Rehabilitation:
   - Erkenntnis, dass mehrschichtige Netze die Grenzen des einfachen Perceptrons überwinden können

- Grundlage für die Entwicklung komplexerer neuronaler Netzarchitekturen

Die Grenzen des Perceptrons führten zu wichtigen Erkenntnissen über die Notwendigkeit komplexerer Netzwerkstrukturen und Lernalgorithmen.

7.3 Mehrschichtige neuronale Netze

Die Entwicklung mehrschichtiger neuronaler Netze war ein entscheidender Schritt zur Überwindung der Grenzen des einfachen Perceptrons:

1. Struktur:
   - Eingabeschicht
   - Eine oder mehrere versteckte Schichten
   - Ausgabeschicht
   - Nichtlineare Aktivierungsfunktionen (z.B. Sigmoid, ReLU)

2. Fähigkeiten:
   - Lösung nicht linear trennbarer Probleme
   - Approximation beliebiger kontinuierlicher Funktionen (universelle Approximatoren)

3. Herausforderungen:
   - Anfänglicher Mangel an effektiven Trainingsalgorithmen für versteckte Schichten
   - Hoher Rechenaufwand für Training großer Netze

4. Anwendungen:
   - Mustererkennung
   - Funktionsapproximation
   - Zeitreihenvorhersage

5. Varianten:
   - Feedforward-Netze
   - Rekurrente neuronale Netze (RNN)
   - Selbstorganisierende Karten (SOM)

6. Bedeutung:

- Überwindung der von Minsky und Papert aufgezeigten Grenzen
- Grundlage für spätere Deep-Learning-Architekturen

Mehrschichtige neuronale Netze ebneten den Weg für komplexere Architekturen und leistungsfähigere KI-Systeme.

7.4 Backpropagation und seine Bedeutung

Der Backpropagation-Algorithmus war ein entscheidender Durchbruch, der das effektive Training mehrschichtiger neuronaler Netze ermöglichte:

1. Entwicklung:
   - 1974: Paul Werbos beschreibt Backpropagation in seiner Doktorarbeit
   - 1986: Rumelhart, Hinton und Williams popularisieren den Algorithmus

2. Funktionsweise:
   - Vorwärtsdurchlauf zur Berechnung des Netzwerkoutputs
   - Rückwärtsdurchlauf zur Berechnung der Gradienten
   - Anpassung der Gewichte basierend auf den Gradienten

3. Bedeutung:
   - Ermöglichte effizientes Training mehrschichtiger Netze
   - Überwindung des "hidden layer problem"
   - Schlüssel zur praktischen Anwendung komplexer neuronaler Netze

4. Anwendungen:
   - Bildererkennung
   - Sprachverarbeitung
   - Robotik und Steuerungssysteme

5. Herausforderungen:
   - Lokale Minima und Sattelpunkte
   - Vanishing/Exploding Gradient Problem

- Hoher Rechenaufwand für große Netze

6. Weiterentwicklungen:
   - Stochastisches Gradientenverfahren (SGD)
   - Momentum und adaptive Lernraten
   - Regularisierungstechniken

Backpropagation war ein Schlüsselelement in der Renaissance neuronaler Netze und legte den Grundstein für moderne Deep-Learning-Techniken.

7.5 Renaissance der neuronalen Netze in den 1980er

Nach einer Phase der Skepsis erlebten neuronale Netze in den 1980er eine Wiederbelebung:

1. Gründe für die Renaissance:
   - Entwicklung des Backpropagation-Algorithmus
   - Fortschritte in der Computerhardware
   - Neue theoretische Erkenntnisse

2. Wichtige Entwicklungen:
   - 1982: Hopfield-Netze für assoziatives Gedächtnis
   - 1982: Kohonen's selbstorganisierende Karten
   - 1986: Boltzmann-Maschinen und die Idee des unüberwachten Lernens

3. Neue Anwendungsgebiete:
   - Sprach- und Bilderkennung
   - Robotik und Steuerungssysteme
   - Finanzielle Vorhersagemodelle

4. Institutionelle Unterstützung:
   - Gründung der Neural Information Processing Systems (NIPS) Konferenz 1987
   - Erhöhte Forschungsförderung

5. Industrielle Anwendungen:
   - Erste kommerzielle Neurocomputer
   - Einsatz in Finanz- und Fertigungsindustrie

6. Herausforderungen und Kritik:
   - Weiterhin Skepsis in Teilen der KI-Gemeinschaft

- Probleme mit Skalierbarkeit und Trainingszeit
- Mangel an theoretischem Verständnis einiger Aspekte

7. Langfristige Auswirkungen:
   - Grundlage für die spätere Deep-Learning-Revolution
   - Integration konnektionistischer Ideen in andere KI-Bereiche
   - Wiederbelebung des Interesses an biologisch inspirierter KI

Die Renaissance der neuronalen Netze in den 1980er legte den Grundstein für viele moderne KI-Technologien und half, die Kluft zwischen symbolischer KI und konnektionistischen Ansätzen zu überbrücken.

7.6 Zusammenfassung

Kapitel 7 befasst sich mit der Entwicklung und Wiederbelebung neuronaler Netze und des konnektionistischen Ansatzes in der KI. Hier die Kernpunkte:

1. Grundlagen und historische Entwicklung: Das Kapitel beginnt mit einer Einführung in die grundlegenden Konzepte neuronaler Netze, von den frühen McCulloch-Pitts-Neuronen bis hin zu komplexeren Netzwerkarchitekturen. Es wird die historische Entwicklung des konnektionistischen Ansatzes nachgezeichnet, einschließlich früher Inspirationen aus der Neurobiologie.

2. Perceptron und seine Grenzen: Ein wichtiger Abschnitt widmet sich dem Perceptron, einem frühen Modell künstlicher neuronaler Netze. Die Struktur, Funktionsweise und anfänglichen Erfolge des Perceptrons werden erläutert, ebenso wie die von Minsky und Papert aufgezeigten Grenzen, die zur vorübergehenden Vernachlässigung dieses Ansatzes führten.

3. Mehrschichtige neuronale Netze: Das Kapitel behandelt die Entwicklung mehrschichtiger neuronaler Netze als Antwort auf die Begrenzungen des einfachen Perceptrons. Die Fähigkeiten dieser komplexeren Architekturen, nichtlineare Probleme zu lösen, werden diskutiert.

4. Backpropagation und seine Bedeutung: Ein zentraler Abschnitt widmet sich dem Backpropagation-Algorithmus, der das effiziente Training mehrschichtiger Netze ermöglichte. Die Funktionsweise, Bedeutung und Auswirkungen dieses

Durchbruchs auf die KI-Forschung werden ausführlich erläutert.

5. Renaissance der neuronalen Netze in den 1980er: Abschließend wird die Wiederbelebung des Interesses an neuronalen Netzen in den 1980er beschrieben. Wichtige Entwicklungen wie Hopfield-Netze, Boltzmann-Maschinen und die Anfänge des Deep Learning werden vorgestellt.

Das Kapitel zeichnet die Entwicklung neuronaler Netze als eine Geschichte von Höhen und Tiefen nach. Es zeigt, wie frühe Begeisterung von Rückschlägen und Kritik abgelöst wurde, nur um später mit neuen Erkenntnissen und technologischen Fortschritten eine Wiederbelebung zu erfahren.

Die Bedeutung des konnektionistischen Ansatzes für die moderne KI wird hervorgehoben, insbesondere seine Rolle als Grundlage für spätere Durchbrüche im Deep Learning. Das Kapitel bereitet den Leser auf die Diskussion der folgenden Jahrzehnte vor, in denen neuronale Netze und Deep Learning zu dominanten Paradigmen in der KI-Forschung wurden.

8. MASCHINELLES LERNEN: PARADIGMENWECHSEL IN DER KI

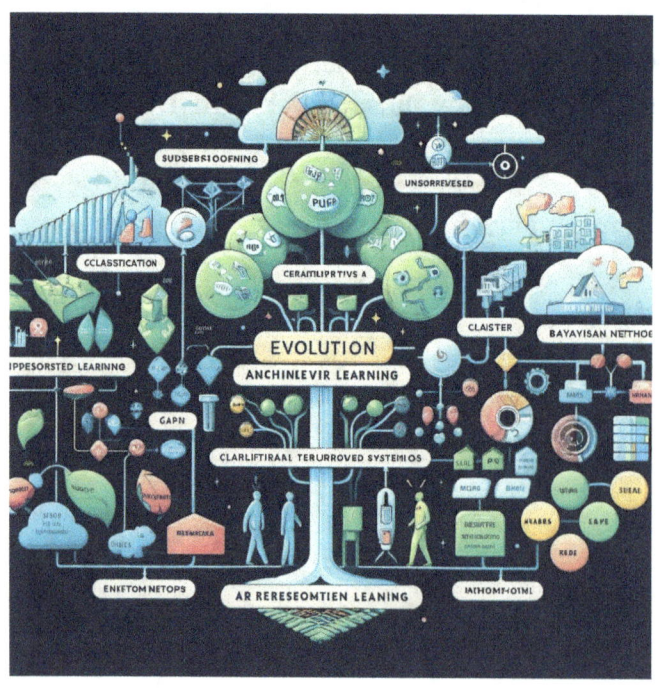

8.1 Überwachtes, unüberwachtes und verstärkendes Lernen

Maschinelles Lernen (ML) hat sich zu einem zentralen Paradigma in der KI-Forschung entwickelt. Es lässt sich in drei Hauptkategorien unterteilen:

1. Überwachtes Lernen:
   - Definition: Lernen aus beschrifteten Trainingsdaten
   - Beispiele: Klassifikation, Regression
   - Anwendungen: Spam-Erkennung, Bildklassifikation, Spracherkennung
   - Herausforderungen: Benötigt große Mengen beschrifteter Daten, Overfitting

2. Unüberwachtes Lernen:
   - Definition: Lernen aus unbeschrifteten Daten, Erkennen von Mustern und Strukturen
   - Beispiele: Clustering, Dimensionsreduktion, Anomalieerkennung
   - Anwendungen: Kundensegmentierung, Empfehlungssysteme, Datenkompression
   - Herausforderungen: Schwierige Evaluation, Interpretation der Ergebnisse

3. Verstärkendes Lernen:
   - Definition: Lernen durch Interaktion mit einer Umgebung, basierend auf Belohnungen und Bestrafungen
   - Beispiele: Q-Learning, Policy Gradient Methoden
   - Anwendungen: Robotik, Spielstrategien, autonomes Fahren
   - Herausforderungen: Balance zwischen Exploration und

Exploitation, Skalierbarkeit

Diese Lernparadigmen haben die Art und Weise, wie KI-Systeme entwickelt und eingesetzt werden, grundlegend verändert und ermöglichen Lösungen für eine breite Palette von Problemen.

8.2 Entscheidungsbäume und regelbasiertes Lernen

Entscheidungsbäume und regelbasierte Systeme sind intuitive und interpretierbare Ansätze des maschinellen Lernens:

1. Entscheidungsbäume:
   - Struktur: Baumstruktur mit Knoten (Entscheidungen) und Blättern (Vorhersagen)
   - Algorithmen: ID3, C4.5, CART
   - Vorteile: Leicht verständlich, effizient bei kleinen bis mittleren Datensätzen
   - Nachteile: Neigung zu Overfitting, Schwierigkeiten bei hochdimensionalen Daten

2. Regelbasiertes Lernen:
   - Ansatz: Ableitung von Wenn-Dann-Regeln aus Trainingsdaten
   - Beispiele: Sequentielle Covering-Algorithmen, Assoziationsregeln
   - Vorteile: Interpretierbarkeit, Ähnlichkeit zu menschlichem Reasoning
   - Nachteile: Schwierigkeiten bei komplexen, nicht-linearen Beziehungen

3. Ensemble-Methoden:
   - Random Forests: Kombination mehrerer Entscheidungsbäume
   - Boosting: Sequentielle Verbesserung schwacher Lerner

4. Anwendungen:
   - Medizinische Diagnose

- Kreditwürdigkeitsprüfung
- Fehlerdiagnose in technischen Systemen

5. Historische Bedeutung:
- Brücke zwischen symbolischer KI und statistischem Lernen
- Grundlage für erklärbare KI (XAI) Ansätze

Entscheidungsbäume und regelbasierte Systeme bleiben wichtige Werkzeuge im ML-Arsenal, insbesondere wenn Interpretierbarkeit eine Schlüsselanforderung ist.

8.3 Support Vector Machines und Kernel-Methoden

Support Vector Machines (SVMs) und Kernel-Methoden stellen einen wichtigen Fortschritt in der Entwicklung des maschinellen Lernens dar:

1. Grundprinzip der SVM:
   - Finden einer optimalen Hyperebene zur Trennung von Klassen
   - Maximierung des Abstands (Margin) zwischen den Klassen
   - Verwendung von Support-Vektoren zur Definition der Entscheidungsgrenze

2. Kernel-Trick:
   - Ermöglicht die implizite Transformation in höherdimensionale Räume
   - Lösung nicht-linear trennbarer Probleme
   - Gängige Kernels: Linear, Polynomial, Radial Basis Function (RBF)

3. Vorteile:
   - Gute Generalisierungsfähigkeit
   - Effektiv in hochdimensionalen Räumen
   - Vielseitig durch verschiedene Kernel-Funktionen

4. Nachteile:
   - Rechenintensiv für große Datensätze
   - Schwierigkeiten bei der Wahl des optimalen Kernels und der Parameter

5. Anwendungen:
   - Textklassifikation

- Bilderkennung
- Bioinformatik (z.B. Genexpressionsanalyse)

6. Historische Entwicklung:

- 1992: Erste Formulierung durch Vladimir Vapnik und Kollegen
- 1995: Einführung des Kernel-Tricks für SVMs
- Späte 1990er/frühe 2000er: Breite Anwendung und Weiterentwicklung

SVMs und Kernel-Methoden waren lange Zeit State-of-the-Art in vielen ML-Anwendungen und legten wichtige theoretische Grundlagen für spätere Entwicklungen.

8.4 Bayessche Netzwerke und probabilistisches Lernen

Bayessche Netzwerke und probabilistisches Lernen bieten einen Rahmen für die Modellierung von Unsicherheit und kausalen Beziehungen:

1. Grundlagen Bayesscher Netzwerke:
   - Gerichtete azyklische Graphen (DAGs) zur Darstellung von Abhängigkeiten
   - Knoten repräsentieren Variablen, Kanten repräsentieren bedingte Abhängigkeiten
   - Verwendung des Bayes'schen Theorems zur Berechnung bedingter Wahrscheinlichkeiten

2. Lernen in Bayesschen Netzwerken:
   - Strukturlernen: Bestimmung der Netzwerkstruktur aus Daten
   - Parameterlernen: Schätzung der bedingten Wahrscheinlichkeiten

3. Probabilistisches Lernen:
   - Naïve Bayes Klassifikatoren
   - Hidden Markov Models (HMMs)
   - Latent Dirichlet Allocation (LDA) für Topic Modeling

4. Vorteile:
   - Explizite Modellierung von Unsicherheit
   - Integration von Vorwissen und Daten
   - Interpretierbarkeit der Modelle

5. Herausforderungen:
   - Komplexität bei großen Netzwerken

- Annahmen über bedingte Unabhängigkeit können in der Praxis verletzt sein

6. Anwendungen:
   - Medizinische Diagnose
   - Risikoanalyse
   - Sprachverarbeitung und Spracherkennung

7. Historische Entwicklung:
   - 1980er: Erste Formulierungen Bayesscher Netzwerke
   - 1990er: Entwicklung effizienter Inferenz- und Lernalgorithmen
   - 2000er: Breite Anwendung in verschiedenen Domänen

Bayessche Methoden haben sich als robuster Ansatz zur Modellierung komplexer Abhängigkeiten und zum Umgang mit Unsicherheit erwiesen.

8.5 Ensemble-Methoden und Random Forests

Ensemble-Methoden kombinieren mehrere Lernmodelle, um bessere Vorhersagen zu treffen:

1. Grundprinzip:
   - Kombination mehrerer "schwacher" Lerner zu einem starken Ensemble
   - Nutzung von Diversität zwischen den Modellen zur Verbesserung der Generalisierung

2. Haupttypen von Ensemble-Methoden:
   - Bagging (Bootstrap Aggregating): Zufällige Untergruppen der Trainingsdaten
   - Boosting: Sequenzielle Verbesserung durch Fokus auf schwierige Fälle
   - Stacking: Kombination verschiedener Modelltypen

3. Random Forests:
   - Kombination von Entscheidungsbäumen mittels Bagging
   - Zufällige Auswahl von Features bei jedem Split
   - Vorteile: Robustheit gegen Overfitting, gute Leistung bei vielen Problemen

4. Andere wichtige Ensemble-Methoden:
   - AdaBoost (Adaptive Boosting)
   - Gradient Boosting Machines (GBM)
   - XGBoost (Extreme Gradient Boosting)

5. Vorteile:
   - Verbesserte Vorhersagegenauigkeit

- Robustheit gegenüber Overfitting
- Gute Leistung bei hochdimensionalen Daten

6. Nachteile:
   - Erhöhte Komplexität und Rechenaufwand
   - Potenzielle Überanpassung bei zu komplexen Ensembles
   - Eingeschränkte Interpretierbarkeit im Vergleich zu einzelnen Modellen

7. Anwendungen:
   - Finanzielle Vorhersagen
   - Empfehlungssysteme
   - Bildklassifikation und Objekterkennung

8. Historische Entwicklung:
   - 1990er: Erste Formulierungen von Bagging und Boosting
   - 2001: Einführung von Random Forests durch Leo Breiman
   - 2000er und 2010er: Breite Anwendung und Weiterentwicklung in verschiedenen Domänen

Ensemble-Methoden haben sich als äußerst effektiv erwiesen und gehören oft zu den leistungsstärksten Ansätzen in ML-Wettbewerben und realen Anwendungen.

Die Entwicklung des maschinellen Lernens hat die KI-Landschaft grundlegend verändert. Von regelbasierten Systemen über statistische Lernmethoden bis hin zu komplexen Ensembles hat jeder Ansatz zur Erweiterung unseres Verständnisses und der Fähigkeiten von KI-Systemen beigetragen. Diese Entwicklungen legten den Grundstein für die spätere Deep-Learning-Revolution und die breite Anwendung von KI in zahlreichen Bereichen unseres Lebens.

8.6 Zusammenfassung

Kapitel 8 befasst sich mit dem Aufstieg des maschinellen Lernens als dominantes Paradigma in der KI-Forschung. Hier die Kernpunkte:

1. Überwachtes, unüberwachtes und verstärkendes Lernen: Das Kapitel beginnt mit einer Einführung in die Hauptkategorien des maschinellen Lernens. Es werden die Grundprinzipien, Anwendungsbereiche und Herausforderungen jeder Kategorie erläutert, sowie deren Bedeutung für verschiedene KI-Anwendungen diskutiert.

2. Entscheidungsbäume und regelbasiertes Lernen: Ein Abschnitt widmet sich den frühen Ansätzen des maschinellen Lernens, insbesondere Entscheidungsbäumen und regelbasierten Systemen. Die Funktionsweise, Vorteile und Grenzen dieser Methoden werden erklärt, ebenso wie ihre Rolle als Brücke zwischen symbolischer KI und statistischem Lernen.

3. Support Vector Machines und Kernel-Methoden: Das Kapitel behandelt die Entwicklung von Support Vector Machines (SVMs) und Kernel-Methoden als wichtige Fortschritte im maschinellen Lernen. Die mathematischen Grundlagen, Anwendungsbereiche und Bedeutung für die KI-Forschung werden diskutiert.

4. Bayessche Netzwerke und probabilistisches Lernen: Ein weiterer Abschnitt befasst sich mit Bayesschen Netzwerken und probabilistischen Lernmethoden. Es wird gezeigt, wie diese Ansätze Unsicherheit modellieren und komplexe Abhängigkeiten in Daten erfassen können.

5. Ensemble-Methoden und Random Forests: Abschließend werden fortgeschrittene Techniken wie Ensemble-Methoden und Random Forests vorgestellt. Ihre Fähigkeit, die Leistung von Lernalgorithmen zu verbessern, wird erläutert, ebenso wie ihre breite Anwendung in verschiedenen Bereichen.

Das Kapitel zeichnet die Entwicklung des maschinellen Lernens als einen Paradigmenwechsel in der KI nach. Es zeigt, wie der Fokus von handcodierten Regeln und Expertenwissen auf datengetriebene Ansätze verlagert wurde, was zu einer dramatischen Erweiterung der Anwendungsmöglichkeiten von KI führte.

Die Vielfalt der Methoden und Ansätze im maschinellen Lernen wird hervorgehoben, ebenso wie die kontinuierliche Weiterentwicklung und Verfeinerung dieser Techniken. Das Kapitel bereitet den Leser auf die Diskussion der folgenden Entwicklungen vor, insbesondere den Aufstieg des Deep Learning als dominierende Kraft in der modernen KI.

9. NATÜRLICHE SPRACHVERARBEITUNG UND COMPUTERLINGUISTIK

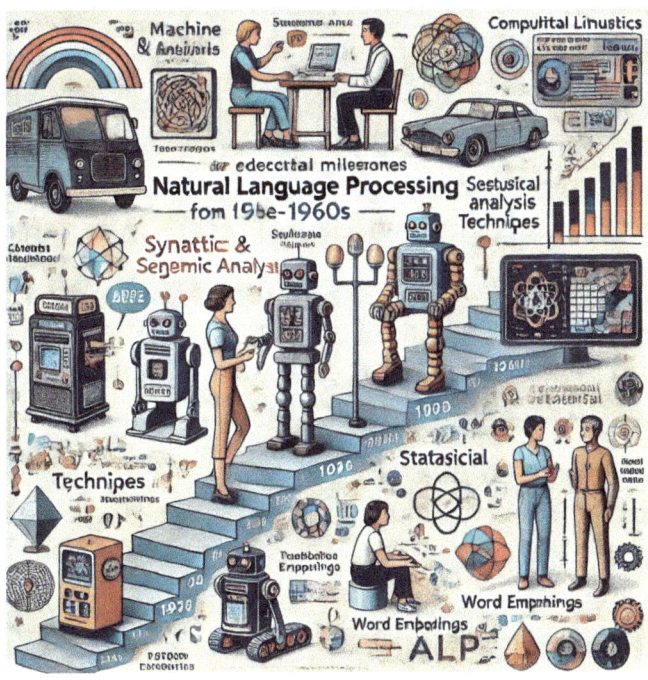

9.1 Frühe Übersetzungssysteme

Die Entwicklung von maschinellen Übersetzungssystemen war einer der ersten Anwendungsbereiche der natürlichen Sprachverarbeitung (NLP):

1. Anfänge der maschinellen Übersetzung:
   - 1949: Warren Weaver's Memorandum über maschinelle Übersetzung
   - 1954: IBM-Georgetown-Experiment, erste öffentliche Demonstration

2. Frühe Ansätze:
   - Wörterbuchbasierte Methoden
   - Regelbasierte Systeme
   - Direkte Übersetzung zwischen Sprachpaaren

3. Herausforderungen:
   - Mehrdeutigkeiten in der Sprache
   - Kulturelle und kontextuelle Nuancen
   - Begrenzte Rechenleistung und Speicherkapazität

4. ALPAC-Bericht (1966):
   - Kritische Bewertung der Fortschritte in der maschinellen Übersetzung
   - Führte zu drastischen Kürzungen der Forschungsgelder
   - Verlangsamung der Entwicklung für fast zwei Jahrzehnte

5. Spätere Entwicklungen:
   - 1970er-1980er: Entwicklung von Transfer- und Interlingua-Ansätzen
   - 1990er: Beginn statistischer Methoden in der Übersetzung

6. Bedeutung für die KI-Geschichte:
   - Zeigte die Komplexität natürlicher Sprache
   - Führte zur Entwicklung grundlegender NLP-Techniken
   - Beeinflusste die Erwartungen an KI-Systeme

Die frühen Übersetzungssysteme legten den Grundstein für die moderne NLP, auch wenn ihre anfänglichen Ergebnisse hinter den Erwartungen zurückblieben.

9.2 Syntaktische und semantische Analyse

Die Entwicklung von Methoden zur syntaktischen und semantischen Analyse war entscheidend für das Verständnis natürlicher Sprache durch Computer:

1. Syntaktische Analyse:
   - Ziel: Erkennung der grammatikalischen Struktur von Sätzen
   - Chomsky-Hierarchie (1956): Formale Beschreibung von Grammatiken
   - Parser-Technologien: Top-down, Bottom-up, Chart-Parser
   - Bedeutende Ansätze:
     - Dependenzgrammatik
     - Phrasenstrukturgrammatik

2. Semantische Analyse:
   - Ziel: Erfassung der Bedeutung von Wörtern, Sätzen und Texten
   - Frühe Ansätze:
     - Semantische Netze (Quillian, 1966)
     - Konzeptuelle Abhängigkeitstheorie (Schank, 1972)
   - Spätere Entwicklungen:
     - Framenet (1990er)
     - WordNet (1985)

3. Integration von Syntax und Semantik:
   - Montague-Grammatik (1970er): Formale Semantik
   - Head-driven Phrase Structure Grammar (HPSG)
   - Lexical Functional Grammar (LFG)

4. Herausforderungen:

- Ambiguität in natürlicher Sprache
- Kontextabhängigkeit der Bedeutung
- Skalierbarkeit der Ansätze auf reale Texte

5. Anwendungen:
   - Informationsextraktion
   - Textverständnis
   - Dialogsysteme

6. Bedeutung für die KI:
   - Grundlage für komplexe Sprachverständnisaufgaben
   - Beitrag zum Verständnis menschlicher Kognition
   - Basis für die Entwicklung von Frage-Antwort-Systemen

Die Fortschritte in der syntaktischen und semantischen Analyse haben das Fundament für moderne NLP-Systeme gelegt und bleiben ein aktives Forschungsgebiet.

9.3 Statistische Methoden in der NLP

b den 1990er revolutionierten statistische Methoden die natürliche Sprachverarbeitung:

1. Paradigmenwechsel:
   - Von regelbasierten zu datengetriebenen Ansätzen
   - Nutzung großer Textkorpora für das Training von Modellen

2. Wichtige statistische Modelle:
   - N-Gram-Modelle für Sprachmodellierung
   - Hidden Markov Models (HMM) für Part-of-Speech Tagging
   - Conditional Random Fields (CRF) für Sequenzmarkierung
   - Statistische Parsing-Modelle

3. Maschinelle Übersetzung:
   - IBM-Modelle (1990er)
   - Phrase-basierte statistische Übersetzung

4. Informationsgewinnung:
   - TF-IDF (Term Frequency-Inverse Document Frequency)
   - Latent Semantic Analysis (LSA)
   - Probabilistic Latent Semantic Analysis (PLSA)

5. Vorteile statistischer Methoden:
   - Bessere Handhabung von Ambiguitäten
   - Skalierbarkeit auf große Textmengen
   - Fähigkeit zur Generalisierung

6. Herausforderungen:
   - Bedarf an großen Trainingskorpora

- Schwierigkeiten bei der Erfassung tiefer semantischer Strukturen
- Interpretierbarkeit der Modelle

7. Einfluss auf die KI-Forschung:
   - Förderung des maschinellen Lernens in der NLP
   - Grundlage für spätere neuronale Ansätze
   - Verbesserung der Robustheit von NLP-Systemen

Die Einführung statistischer Methoden in der NLP führte zu signifikanten Verbesserungen in vielen Anwendungsbereichen und bereitete den Weg für moderne Deep-Learning-Ansätze.

9.4 Chatbots und Dialogsysteme

Die Entwicklung von Chatbots und Dialogsystemen repräsentiert den Versuch, natürliche Konversationen zwischen Mensch und Maschine zu ermöglichen:

1. Frühe Chatbots:
   - ELIZA (1966): Simulierte einen Psychotherapeuten
   - PARRY (1972): Simulierte einen Paranoiden Schizophrenen
   - Funktionsweise: Musterabgleich und vordefinierte Antworten

2. Fortgeschrittene regelbasierte Systeme:
   - ALICE (1995): Verwendete AIML (Artificial Intelligence Markup Language)
   - Jabberwacky (1988): Lernte aus menschlichen Interaktionen

3. Aufgabenorientierte Dialogsysteme:
   - Entwicklung für spezifische Domänen (z.B. Kundenservice, Reisebuchungen)
   - Integration von Wissensdatenbanken und Geschäftslogik

4. Statistische und Machine Learning Ansätze:
   - Verwendung von Sequenz-zu-Sequenz-Modellen
   - Reinforcement Learning für Dialogmanagement

5. Moderne KI-basierte Chatbots:
   - Integration von Natural Language Understanding (NLU)
   - Kontextbewusstsein und Gedächtnis über mehrere Turns
   - Personalisierung und Anpassung an Benutzerpräferenzen

6. Herausforderungen:
   - Handhabung von Mehrdeutigkeiten und

Kontextverständnis
   - Generierung kohärenter und relevanter Antworten
   - Ethische Fragen (z.B. Täuschung, Datenschutz)

7. Anwendungen:
   - Virtuelle Assistenten (Siri, Alexa, Google Assistant)
   - Kundenservice und Support
   - Unterhaltung und Companionship

8. Bedeutung für die KI:
   - Test für das Sprachverständnis und die Generierung
   - Schnittstelle zwischen KI-Systemen und menschlichen Benutzern
   - Treiber für Fortschritte in NLP und Dialogmanagement

Die Entwicklung von Chatbots und Dialogsystemen zeigt die Fortschritte und anhaltenden Herausforderungen in der Realisierung natürlicher Mensch-Maschine-Interaktionen.

9.5 Moderne NLP-Techniken und Anwendungen

Die jüngsten Entwicklungen in der NLP haben zu leistungsfähigen Techniken und vielfältigen Anwendungen geführt:

1. Deep Learning in NLP:
   - Word Embeddings (Word2Vec, GloVe)
   - Rekurrente Neuronale Netze (RNN) und Long Short-Term Memory (LSTM)
   - Transformer-Architektur und Attention-Mechanismen
   - Große vortrainierte Modelle (BERT, GPT, T5)

2. Transfer Learning:
   - Verwendung vortrainierter Modelle für verschiedene NLP-Aufgaben
   - Fine-Tuning auf spezifische Domänen und Aufgaben

3. Multimodale NLP:
   - Integration von Text mit Bild, Audio und Video
   - Anwendungen in der visuellen Fragebeantwortung und Bildunterschriftengenerierung

4. Sprachgenerierung:
   - Fortschritte in der Text-zu-Sprache-Synthese
   - Natürliche Sprachgenerierung für Berichte und Zusammenfassungen

5. Sentiment-Analyse und Opinion Mining:
   - Analyse von Kundenfeedback und sozialen Medien
   - Feinkörnige Stimmungserfassung und Aspekt-basierte Sentimentanalyse

6. Informationsextraktion und Wissensgewinnung:
  - Named Entity Recognition (NER)
  - Relation Extraction
  - Aufbau und Pflege von Wissensgraphen

7. Maschinelle Übersetzung:
  - Neuronale Maschinelle Übersetzung (NMT)
  - Fortschritte in der Qualität und Abdeckung von Sprachpaaren

8. Ethische und gesellschaftliche Aspekte:
  - Bias in NLP-Modellen und Datensätzen
  - Datenschutz und Sicherheit bei der Verarbeitung persönlicher Texte
  - Auswirkungen auf Arbeitsplätze und Gesellschaft

9. Zukünftige Trends:
  - Verbesserung der Interpretierbarkeit von NLP-Modellen
  - Integration von Weltwissen und Common Sense Reasoning
  - Entwicklung mehrsprachiger und kulturell sensibler NLP-Systeme

Die modernen NLP-Techniken haben die Fähigkeiten von KI-Systemen im Umgang mit natürlicher Sprache dramatisch erweitert und finden Anwendung in zahlreichen Bereichen des täglichen Lebens und der Wirtschaft.

9.6 Zusammenfassung

Kapitel 9 befasst sich mit der Entwicklung der Natürlichen Sprachverarbeitung (NLP) und Computerlinguistik. Hier die Kernpunkte:

1. Frühe Übersetzungssysteme: Das Kapitel beginnt mit den Anfängen der maschinellen Übersetzung in den 1950er und 1960er. Es werden frühe Ansätze, Erfolge und Rückschläge diskutiert, einschließlich des einflussreichen ALPAC-Berichts von 1966, der zu einer Verlangsamung der Forschung führte.

2. Syntaktische und semantische Analyse: Ein wichtiger Abschnitt widmet sich den Fortschritten in der syntaktischen und semantischen Analyse natürlicher Sprache. Es werden verschiedene Grammatiktheorien und Parsing-Techniken vorgestellt, sowie frühe Ansätze zur Bedeutungsrepräsentation wie semantische Netze.

3. Statistische Methoden in der NLP: Das Kapitel behandelt den Paradigmenwechsel hin zu statistischen Methoden in den 1990er. Es wird gezeigt, wie die Verfügbarkeit großer Textkorpora und leistungsfähigerer Computer zu neuen Ansätzen in der maschinellen Übersetzung, Spracherkennung und anderen NLP-Aufgaben führte.

4. Chatbots und Dialogsysteme: Ein Abschnitt befasst sich mit der Entwicklung von Chatbots und Dialogsystemen, von frühen regelbasierten Systemen wie ELIZA bis hin zu modernen, KI-gestützten virtuellen Assistenten. Die Herausforderungen bei der Modellierung natürlicher Konversationen werden diskutiert.

5. Moderne NLP-Techniken und Anwendungen: Abschließend werden aktuelle Entwicklungen in der NLP vorgestellt, einschließlich des Einsatzes von Deep Learning, Transfer Learning und großen Sprachmodellen. Anwendungen in Bereichen wie Sentimentanalyse, Informationsextraktion und Textgenerierung werden behandelt.

Das Kapitel zeichnet die Entwicklung der NLP von frühen, regelbasierten Ansätzen über statistische Methoden bis hin zu modernen, KI-gestützten Techniken nach. Es zeigt, wie die Herausforderungen der Sprachverarbeitung zu wichtigen Fortschritten in der KI-Forschung insgesamt geführt haben.

Die interdisziplinäre Natur der NLP wird hervorgehoben, ebenso wie ihre wachsende Bedeutung in einer zunehmend digitalisierten und vernetzten Welt. Das Kapitel bereitet den Leser auf die Diskussion zukünftiger Entwicklungen vor, einschließlich der ethischen und gesellschaftlichen Implikationen fortschrittlicher Sprachverarbeitungstechnologien.

10. COMPUTERVISION UND BILDERKENNUNG

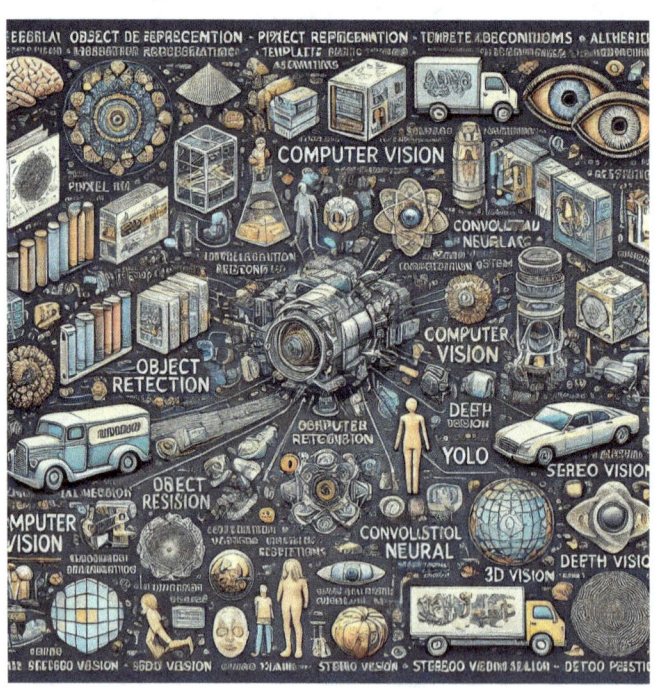

10.1 Grundlagen der digitalen Bildverarbeitung

Die digitale Bildverarbeitung bildet das Fundament für die Entwicklung der Computervision:

1. Frühe Geschichte:
   - 1960er: Erste digitale Bildverarbeitungstechniken für Satellitenbilder
   - 1970er: Entwicklung grundlegender Algorithmen für Bildverbesserung und -wiederherstellung

2. Grundlegende Konzepte:
   - Bildrepräsentation: Pixel, Farbräume, Bildformate
   - Histogramme und Kontrastmanipulation
   - Filterung im Orts- und Frequenzbereich
   - Kantenerkennung und Segmentierung

3. Wichtige Algorithmen:
   - Fourier-Transformation für Bildanalyse
   - Sobel- und Canny-Kantendetektor
   - Hough-Transformation für Linienerkennung
   - Morphologische Operationen

4. Bildkompression:
   - Entwicklung von Kompressionsstandards (JPEG, PNG)
   - Verlustbehaftete vs. verlustfreie Kompression

5. Bildverbesserung:
   - Rauschunterdrückung
   - Schärfung und Weichzeichnung
   - Kontrastverbesserung

6. Bedeutung für die KI:
   - Vorverarbeitung für höhere Bildanalyseaufgaben
   - Grundlage für Merkmalsextraktion in der Bilderkennung
   - Ermöglicht effiziente Speicherung und Übertragung von Bilddaten

Die Entwicklung der digitalen Bildverarbeitung legte den Grundstein für komplexere Aufgaben der Computervision und Bilderkennung.

10.2 Entwicklung von Objekterkennungsalgorithmen

Die Objekterkennung ist eine zentrale Aufgabe der Computervision und hat sich über die Jahrzehnte stark weiterentwickelt:

1. Frühe Ansätze (1960er-1970er):
   - Template Matching
   - Einfache geometrische Formerkennung

2. Merkmalsbasierte Methoden (1980er-1990er):
   - SIFT (Scale-Invariant Feature Transform)
   - SURF (Speeded Up Robust Features)
   - Haar-like Features für Gesichtserkennung

3. Maschinelles Lernen in der Objekterkennung (2000er):
   - Viola-Jones-Algorithmus für Gesichtserkennung
   - Support Vector Machines (SVM) für Klassifikation
   - Bag-of-Visual-Words Modelle

4. Deep Learning Revolution (2010er):
   - Convolutional Neural Networks (CNN)
   - Region-based CNN (R-CNN) und Varianten
   - YOLO (You Only Look Once) für Echtzeit-Objekterkennung

5. Moderne Ansätze:
   - Transfer Learning mit vortrainierten Modellen
   - Few-Shot und Zero-Shot Learning
   - Selbstüberwachtes Lernen für Objekterkennung

6. Herausforderungen:
   - Erkennung in komplexen, realen Umgebungen
   - Umgang mit Verdeckungen und Variationen

- Echtzeitfähigkeit auf mobilen Geräten

7. Anwendungen:
   - Autonomes Fahren
   - Robotik und industrielle Inspektion
   - Medizinische Bildgebung
   - Augmented Reality

Die Entwicklung der Objekterkennungsalgorithmen zeigt den Übergang von handgefertigten Merkmalen zu gelernten Repräsentationen und die zunehmende Leistungsfähigkeit von KI-Systemen in der visuellen Wahrnehmung.

10.3 Gesichtserkennung und biometrische Systeme

Gesichtserkennung und biometrische Systeme haben sich zu wichtigen Anwendungen der Computervision entwickelt:

1. Frühe Gesichtserkennungstechniken:
  - Eigenfaces (1991): Verwendung von Hauptkomponentenanalyse
  - Fisherfaces (1997): Lineare Diskriminanzanalyse für bessere Klassenseparation

2. Merkmalsbasierte Ansätze:
  - Geometrische Merkmale: Abstand zwischen Augen, Nasenform etc.
  - Local Binary Patterns (LBP) für Texturanalyse

3. Deep Learning in der Gesichtserkennung:
  - DeepFace (2014): Erster Deep-Learning-Ansatz mit menschenähnlicher Leistung
  - FaceNet (2015): Verwendung von Triplet Loss für Gesichtseinbettungen
  - ArcFace (2018): Verbesserung der Diskriminierungsfähigkeit

4. 3D-Gesichtserkennung:
  - Verwendung von Tiefensensoren für robustere Erkennung
  - Umgang mit Posen- und Beleuchtungsvariationen

5. Andere biometrische Systeme:
  - Fingerabdruckerkennung
  - Iriserkennung

- Ganganalyse
   - Stimmerkennung

6. Anwendungen:
   - Sicherheit und Zugangskontrolle
   - Strafverfolgung und Grenzkontrolle
   - Smartphone-Entsperrung
   - Soziale Medien und Fotoorganisation

7. Ethische und Datenschutzbedenken:
   - Massenüberwachung und Privatsphäre
   - Bias in Erkennungssystemen
   - Missbrauchspotenzial und regulatorische Herausforderungen

8. Aktuelle Trends:
   - Anti-Spoofing-Techniken
   - Integration von Multimodaler Biometrie
   - Datenschutzfreundliche Biometrie (z.B. verschlüsselte Vorlagen)

Die Entwicklung der Gesichtserkennung und biometrischer Systeme zeigt sowohl das enorme Potenzial als auch die ethischen Herausforderungen fortschrittlicher KI-Technologien in der Praxis.

10.4 3D-Vision und Tiefenwahrnehmung

Die Entwicklung von 3D-Vision und Tiefenwahrnehmung hat die Fähigkeiten von KI-Systemen in der räumlichen Wahrnehmung erheblich erweitert:

1. Grundlagen der Stereovision:
   - Binokulares Sehen: Nutzung zweier Kameras für Tiefenwahrnehmung
   - Disparitätsberechnung und Stereo-Matching-Algorithmen

2. Strukturiertes Licht und Time-of-Flight:
   - Projektion von Mustern zur Tiefenmessung
   - Messung der Laufzeit von Lichtsignalen

3. SLAM (Simultaneous Localization and Mapping):
   - Gleichzeitige Kartierung der Umgebung und Selbstlokalisierung
   - Anwendungen in Robotik und Augmented Reality

4. Deep Learning für 3D-Vision:
   - Monokulare Tiefenschätzung aus Einzelbildern
   - 3D-Objekterkennung und -Segmentierung
   - PointNet für direkte Verarbeitung von Punktwolken

5. 3D-Rekonstruktion:
   - Structure from Motion (SfM) für 3D-Modelle aus Bildsequenzen
   - Photogrammetrie und 3D-Scanning

6. Anwendungen:
   - Autonomes Fahren und Roboternavigation

- Augmented und Virtual Reality
- Industrielle Inspektion und Qualitätskontrolle
- Medizinische Bildgebung (z.B. 3D-Ultraschall)

7. Herausforderungen:
 - Umgang mit reflektierenden oder transparenten Oberflächen
 - Echtzeitverarbeitung großer 3D-Datenmengen
 - Integration von semantischem Verständnis und 3D-Geometrie

8. Aktuelle Forschungsrichtungen:
 - Neuronale implizite Darstellungen für 3D-Szenen
 - 3D-Generative Modelle
 - Multi-View-Stereo mit Deep Learning

Die Fortschritte in 3D-Vision und Tiefenwahrnehmung haben den Weg für KI-Systeme geebnet, die ihre Umgebung ähnlich wie Menschen dreidimensional wahrnehmen und interpretieren können.

10.5 Anwendungen in Medizin, Sicherheit und Unterhaltung

Computervision hat in verschiedenen Bereichen bedeutende Anwendungen gefunden:

1. Medizin:
   - Radiologische Bildanalyse (z.B. Erkennung von Tumoren in CT-Scans)
   - Pathologische Bildauswertung (z.B. Analyse von Gewebeproben)
   - Ophthalmologische Diagnostik (z.B. Netzhautuntersuchungen)
   - Unterstützung bei chirurgischen Eingriffen
   - Monitoring von Patienten auf Intensivstationen

2. Sicherheit:
   - Videoüberwachung und automatische Ereigniserkennung
   - Biometrische Zugangskontrollsysteme
   - Erkennung von Gefahrgut an Flughäfen
   - Verkehrsüberwachung und Unfallprävention
   - Forensische Bildanalyse

3. Unterhaltung:
   - Spezialeffekte in Film und Fernsehen
   - Augmented Reality in Spielen und Apps
   - Gestenerkennung für Spielesteuerung
   - Automatische Bildbearbeitung und Filtereffekte in sozialen Medien
   - Virtuelle Anproben in Online-Shops

4. Industrie und Fertigung:

- Qualitätskontrolle und Fehlererkennung in Produktionslinien
  - Robotersteuerung und -navigation
  - Inventurmanagement und Lagerhaltung
  - Präzise Messung und 3D-Inspektion von Bauteilen

5. Autonomes Fahren:
  - Erkennung von Verkehrszeichen, Fußgängern und anderen Fahrzeugen
  - Spurerkennung und -haltung
  - Parkassistenzsysteme
  - Umgebungskartierung und Navigation

6. Landwirtschaft:
  - Präzisionslandwirtschaft und Ernteüberwachung
  - Erkennung von Pflanzenkrankheiten
  - Automatisierte Sortierung von Früchten und Gemüse
  - Drohnenbasierte Feldüberwachung

7. Umweltschutz und Wissenschaft:
  - Satellitenbildanalyse für Klimaforschung und Waldüberwachung
  - Tierverhaltensforschung durch automatische Bildanalyse
  - Unterwassererkundung und Meeresforschung
  - Astronomische Bildanalyse und Entdeckung neuer Himmelskörper

Die vielfältigen Anwendungen der Computervision zeigen, wie diese Technologie zahlreiche Bereiche unseres Lebens und der Wissenschaft revolutioniert und verbessert hat. Gleichzeitig werfen sie wichtige ethische und gesellschaftliche Fragen auf, insbesondere in Bezug auf Privatsphäre und den verantwortungsvollen Einsatz dieser Technologien.

10.6 Zusammenfassung

Kapitel 10 befasst sich mit der Entwicklung der Computervision und Bilderkennung als wichtige Teilbereiche der KI. Hier die Kernpunkte:

1. Grundlagen der digitalen Bildverarbeitung: Das Kapitel beginnt mit einer Einführung in die Grundlagen der digitalen Bildverarbeitung. Es werden frühe Techniken zur Bildverbesserung, Filterung und Kantenerkennung vorgestellt, die die Basis für komplexere Bildanalysemethoden bildeten.

2. Entwicklung von Objekterkennungsalgorithmen: Ein wichtiger Abschnitt widmet sich der Evolution von Objekterkennungsalgorithmen. Von frühen template-matching Ansätzen über feature-basierte Methoden bis hin zu modernen Deep-Learning-Techniken wird die Entwicklung nachgezeichnet und deren Bedeutung für verschiedene Anwendungsbereiche erläutert.

3. Gesichtserkennung und biometrische Systeme: Das Kapitel behandelt die Fortschritte in der Gesichtserkennung und anderen biometrischen Systemen. Es werden technische Herausforderungen, Durchbrüche und ethische Implikationen dieser Technologien diskutiert.

4. 3D-Vision und Tiefenwahrnehmung: Ein Abschnitt befasst sich mit der Entwicklung von 3D-Vision-Techniken und Methoden zur Tiefenwahrnehmung. Die Bedeutung dieser Fortschritte für Bereiche wie Robotik und autonomes Fahren wird hervorgehoben.

5. Anwendungen in Medizin, Sicherheit und Unterhaltung: Abschließend werden verschiedene Anwendungsbereiche der Computervision vorgestellt. Von medizinischer Bildanalyse über Überwachungssysteme bis hin zu Augmented Reality werden die vielfältigen Einsatzmöglichkeiten und deren gesellschaftliche Auswirkungen diskutiert.

Das Kapitel zeichnet die Entwicklung der Computervision von einer technischen Herausforderung zu einem der dynamischsten und einflussreichsten Bereiche der KI nach. Es zeigt, wie Fortschritte in der Bildverarbeitung und -analyse zu grundlegenden Veränderungen in vielen Bereichen von Wissenschaft, Industrie und Alltag geführt haben.

Die interdisziplinäre Natur der Computervision wird betont, ebenso wie ihre enge Verbindung zu anderen KI-Bereichen wie maschinellem Lernen und neuronalen Netzen. Das Kapitel bereitet den Leser auf die Diskussion zukünftiger Entwicklungen vor, einschließlich der ethischen und gesellschaftlichen Herausforderungen, die mit der zunehmenden Verbreitung von Bilderkennungstechnologien einhergehen.

11. ROBOTIK UND KI

11.1 Mobile Roboter und autonome Systeme

Die Entwicklung mobiler Roboter und autonomer Systeme stellt einen wichtigen Aspekt der Integration von KI in die physische Welt dar:

1. Frühe mobile Roboter:
   - Shakey (1966-1972): Erster mobiler Roboter mit KI-Fähigkeiten
   - Stanford Cart (1960er-1980er): Früher autonomer Roboter für Hindernisvermeidung

2. Navigationstechniken:
   - Odometrie und Inertialnavigation
   - SLAM (Simultaneous Localization and Mapping)
   - GPS-basierte Navigation und Fusion mit anderen Sensordaten

3. Sensortechnologien:
   - LiDAR für 3D-Umgebungserfassung
   - Kameras und Computer Vision
   - Ultraschall- und Infrarotsensoren
   - Taktile Sensoren und Kraftsensoren

4. Planungs- und Entscheidungsalgorithmen:
   - A* und D* für Pfadplanung
   - Probabilistische Roadmaps
   - Reinforcement Learning für Entscheidungsfindung

5. Anwendungen:
   - Autonome Fahrzeuge
   - Drohnen und unbemannte Luftfahrzeuge

- Haushaltsroboter (z.B. Staubsaugerroboter)
- Erkundungsroboter für gefährliche Umgebungen

6. Herausforderungen:
    - Robuste Navigation in dynamischen Umgebungen
    - Energieeffizienz und Autonomie
    - Ethische Fragen bei autonomen Entscheidungen

7. Aktuelle Forschungsrichtungen:
    - Schwarmrobotik und Multi-Roboter-Systeme
    - Adaptive und lernfähige Robotersysteme
    - Integration von KI und Robotik für verbesserte Autonomie

Die Entwicklung mobiler Roboter und autonomer Systeme hat die Fähigkeiten von KI-Systemen, in der realen Welt zu agieren und zu interagieren, erheblich erweitert.

11.2 Industrieroboter und Automatisierung

Industrieroboter und Automatisierung haben die Fertigungsindustrie revolutioniert und stellen einen wichtigen Anwendungsbereich für KI dar:

1. Geschichte der Industrieroboter:
   - 1954: Erster programmierbare Roboter (Unimate) von George Devol
   - 1960er: Einführung von Robotern in Automobilfabriken
   - 1970er-1980er: Verbreitung in verschiedenen Industriezweigen

2. Arten von Industrierobotern:
   - Gelenkarmroboter
   - SCARA-Roboter
   - Delta-Roboter
   - Kollaborative Roboter (Cobots)

3. KI in der industriellen Robotik:
   - Maschinelles Sehen für Qualitätskontrolle und Teileidentifikation
   - Adaptive Steuerungssysteme
   - Predictive Maintenance
   - Optimierung von Produktionsabläufen

4. Flexible Fertigungssysteme:
   - Integration von Robotern, CNC-Maschinen und Fördersystemen
   - KI-gestützte Produktionsplanung und -steuerung

5. Industrie 4.0 und IoT:

- Vernetzung von Maschinen und Systemen
- Datengetriebene Entscheidungsfindung
- Digitale Zwillinge für Simulation und Optimierung

6. Herausforderungen:
   - Integration von Legacy-Systemen
   - Sicherheit und Zuverlässigkeit
   - Umschulung und Weiterbildung der Arbeitskräfte

7. Zukünftige Trends:
   - Erhöhte Mensch-Roboter-Kollaboration
   - KI-gestützte Roboterprogrammierung und -anpassung
   - Integration von 5G für verbesserte Konnektivität und Echtzeitsteuerung

Die Entwicklung von Industrierobotern und Automatisierungstechnologien zeigt das Potenzial von KI, nicht nur kognitive, sondern auch physische Arbeit zu unterstützen und zu transformieren.

11.3 Mensch-Roboter-Interaktion

Die Mensch-Roboter-Interaktion (HRI) ist ein interdisziplinäres Feld, das sich mit der Gestaltung, Bewertung und Verbesserung der Interaktion zwischen Menschen und Robotern befasst:

1. Grundlegende Aspekte:
   - Physische Interaktion und Sicherheit
   - Kognitive Interaktion und Kommunikation
   - Emotionale und soziale Interaktion

2. Kommunikationsmodalitäten:
   - Sprachbasierte Interaktion
   - Gestensteuerung und Körpersprache
   - Haptisches Feedback und Force Feedback
   - Augmented Reality für erweiterte Interaktion

3. Kollaborative Robotik:
   - Entwicklung von Cobots für sichere Mensch-Roboter-Zusammenarbeit
   - Adaptive Assistenzsysteme in der Produktion
   - Intuitive Programmierung durch Demonstration

4. Soziale Roboter:
   - Entwicklung von Robotern für den Einsatz im Gesundheitswesen und in der Pflege
   - Edutainment-Roboter für Bildung und Unterhaltung
   - Companionship-Roboter für ältere Menschen

5. KI in der HRI:
   - Intentionserkennung und Antizipation menschlicher Handlungen

- Kontextbewusstes Verhalten und Anpassung
  - Lernen aus menschlichem Feedback und Demonstration

6. Ethische und psychologische Aspekte:
  - Vertrauen in Robotersysteme
  - Anthropomorphismus und emotionale Bindung
  - Privatsphäre und Datenschutz in der Interaktion

7. Herausforderungen:
  - Natürlichkeit und Intuitivität der Interaktion
  - Kulturelle Unterschiede in der Akzeptanz und Nutzung von Robotern
  - Langzeiteffekte der Mensch-Roboter-Interaktion

8. Zukünftige Forschungsrichtungen:
  - Verbesserte Empathie und emotionale Intelligenz in Robotern
  - Personalisierte und adaptive Interaktionsmodelle
  - Integration von Brain-Computer-Interfaces für direkte Steuerung

Die Fortschritte in der Mensch-Roboter-Interaktion zielen darauf ab, Roboter zu entwickeln, die nahtlos und intuitiv mit Menschen zusammenarbeiten und interagieren können, was neue Möglichkeiten in Bereichen wie Gesundheitswesen, Bildung und Industrie eröffnet.

11.4 Schwarmrobotik und verteilte Systeme

Schwarmrobotik ist ein Ansatz, der von der kollektiven Intelligenz in der Natur inspiriert ist und sich auf die Koordination vieler einfacher Roboter zu einem komplexen System konzentriert:

1. Grundprinzipien:
   - Dezentrale Steuerung
   - Lokale Interaktionen
   - Emergentes Verhalten
   - Skalierbarkeit und Robustheit

2. Inspirationen aus der Natur:
   - Ameisenkolonien
   - Vogelschwärme
   - Fischschwärme

3. Algorithmen und Techniken:
   - Partikelschwarmoptimierung
   - Künstliche Bienenkolonie-Algorithmen
   - Verteilte Konsensalgorithmen

4. Anwendungen:
   - Suche und Rettung in Katastrophengebieten
   - Umweltüberwachung und Probenentnahme
   - Verteilte Konstruktion und Reparatur
   - Landwirtschaftliche Anwendungen (z.B. Bestäubung, Schädlingsbekämpfung)

5. Herausforderungen:
   - Energiemanagement und Autonomie

- Kommunikation in großen Schwärmen
- Skalierung von Algorithmen auf reale Systeme
- Vorhersage und Kontrolle emergenten Verhaltens

6. KI in der Schwarmrobotik:
   - Maschinelles Lernen für adaptive Schwarmverhalten
   - Evolutionäre Algorithmen zur Optimierung von Schwarmstrategien
   - Reinforcement Learning für dezentrale Entscheidungsfindung

7. Ethische und gesellschaftliche Aspekte:
   - Potenzielle militärische Anwendungen
   - Datenschutz und Überwachungsbedenken
   - Auswirkungen auf Arbeitsmärkte und Industrien

8. Zukünftige Trends:
   - Integration von Nanorobotern für medizinische Anwendungen
   - Selbstorganisierende und selbstreparierende Robotersysteme
   - Hybride Schwärme aus verschiedenen Robotertypen (Luft, Land, Wasser)

Schwarmrobotik und verteilte Systeme bieten innovative Lösungsansätze für komplexe Probleme und zeigen, wie kollektive Intelligenz in technischen Systemen umgesetzt werden kann.

11.5 Ethische Fragen in der Robotik

Mit der zunehmenden Integration von Robotern und KI-Systemen in verschiedene Bereiche unseres Lebens ergeben sich wichtige ethische Fragen:

1. Autonomie und Verantwortung:
   - Wer ist verantwortlich für Entscheidungen und Handlungen autonomer Roboter?
   - Grad der Autonomie und menschliche Überwachung

2. Sicherheit und Zuverlässigkeit:
   - Gewährleistung der physischen Sicherheit im Umgang mit Robotern
   - Schutz vor Hacking und Manipulation von Robotersystemen

3. Privatsphäre und Datenschutz:
   - Umgang mit persönlichen Daten, die von Robotern gesammelt werden
   - Überwachungspotenzial von Robotern in öffentlichen Räumen

4. Soziale und psychologische Auswirkungen:
   - Emotionale Bindung zu Robotern, insbesondere bei vulnerablen Gruppen
   - Auswirkungen auf zwischenmenschliche Beziehungen und soziale Fähigkeiten

5. Arbeitsmarkt und wirtschaftliche Folgen:
   - Verdrängung von Arbeitsplätzen durch Automatisierung
   - Notwendigkeit von Umschulungen und Anpassung der Bildungssysteme

6. Militärische Anwendungen:
   - Ethik autonomer Waffensysteme
   - Internationale Regulierung und Kontrolle von Militärrobotern

7. Menschenwürde und Roboterrechte:
   - Behandlung hochentwickelter KI-Systeme und Roboter
   - Potenzielle Rechte für fortgeschrittene KI-Entitäten

8. Kulturelle und religiöse Aspekte:
   - Unterschiedliche kulturelle Perspektiven auf Roboter und KI
   - Integration von Robotern in verschiedene gesellschaftliche Kontexte

9. Transparenz und Erklärbarkeit:
   - Nachvollziehbarkeit von Entscheidungen autonomer Systeme
   - Ethische Grundlagen für Roboter-Entscheidungsalgorithmen

10. Regulierung und Governance:
    - Entwicklung von Richtlinien und Gesetzen für Robotik und KI
    - Internationale Zusammenarbeit zur Bewältigung globaler Herausforderungen

Die Auseinandersetzung mit diesen ethischen Fragen ist entscheidend für die verantwortungsvolle Entwicklung und den Einsatz von Robotern und KI-Systemen in der Gesellschaft. Es erfordert einen interdisziplinären Ansatz, der Technologen, Ethiker, Politiker und die breite Öffentlichkeit einbezieht, um Lösungen zu finden, die technologischen Fortschritt mit ethischen Prinzipien in Einklang bringen.

11.6 Zusammenfassung

Kapitel 11 befasst sich mit der Schnittstelle zwischen Robotik und Künstlicher Intelligenz. Hier die Kernpunkte:

1. Mobile Roboter und autonome Systeme: Das Kapitel beginnt mit der Entwicklung mobiler Roboter und autonomer Systeme. Es werden frühe Meilensteine wie Shakey the Robot vorgestellt und die Evolution von Navigationstechniken, Sensortechnologien und Planungsalgorithmen nachgezeichnet.

2. Industrieroboter und Automatisierung: Ein wichtiger Abschnitt widmet sich dem Einsatz von KI in Industrierobotern und Automatisierungssystemen. Die Auswirkungen auf die Fertigungsindustrie, die Integration von KI in flexible Fertigungssysteme und die Entwicklung von Industrie 4.0-Konzepten werden diskutiert.

3. Mensch-Roboter-Interaktion: Das Kapitel behandelt die Fortschritte in der Mensch-Roboter-Interaktion. Es werden verschiedene Kommunikationsmodalitäten, die Entwicklung kollaborativer Robotik (Cobots) und die sozialen und psychologischen Aspekte der Interaktion zwischen Menschen und Robotern erörtert.

4. Schwarmrobotik und verteilte Systeme: Ein Abschnitt befasst sich mit dem aufstrebenden Feld der Schwarmrobotik. Die Prinzipien der dezentralen Steuerung, Algorithmen für Schwarmverhalten und potenzielle Anwendungen in Bereichen wie Exploration und Katastrophenhilfe werden vorgestellt.

5. Ethische Fragen in der Robotik: Abschließend werden die ethischen Herausforderungen diskutiert, die mit der zunehmenden Integration von KI in robotische Systeme einhergehen. Themen wie Autonomie und Verantwortung, Sicherheit, Privatsphäre und die sozialen Auswirkungen der Robotik werden behandelt.

Das Kapitel zeigt die enge Verflechtung von Robotik und KI auf und wie Fortschritte in beiden Bereichen sich gegenseitig beeinflussen und vorantreiben. Es wird deutlich, wie die Integration von KI-Technologien die Fähigkeiten von Robotern dramatisch erweitert hat, von einfachen vorprogrammierten Aufgaben hin zu komplexen, adaptiven Verhaltensweisen.

Die vielfältigen Anwendungsbereiche der KI-gestützten Robotik werden hervorgehoben, von der Industrie über den Dienstleistungssektor bis hin zu Forschung und Exploration. Gleichzeitig werden die gesellschaftlichen und ethischen Implikationen dieser Entwicklungen kritisch reflektiert.

Das Kapitel bereitet den Leser auf die Diskussion zukünftiger Entwicklungen vor, einschließlich der potenziellen Auswirkungen fortschrittlicher Robotersysteme auf Arbeitsmärkte, soziale Strukturen und das menschliche Selbstverständnis.

12. KI IN SPIELEN: VON SCHACH BIS GO

12.1 Frühe KI in Brettspielen

Die Entwicklung von KI für Brettspiele war von Anfang an ein wichtiger Bereich der KI-Forschung:

1. Bedeutung von Spielen in der KI:
   - Klar definierte Regeln und Ziele
   - Messbare Leistung
   - Komplexität ähnlich realen Problemen

2. Schach als früher Fokus:
   - 1950: Claude Shannon's Paper über Schachprogrammierung
   - 1951: Erste Schachimplementierung von Dietrich Prinz
   - 1957: Alex Bernstein's Schachprogramm auf IBM 704

3. Andere frühe Brettspiele:
   - Dame: 1952 erstes Dameprogramm von Arthur Samuel
   - Backgammon: 1979 erstes Weltklasse-Programm von Hans Berliner

4. Grundlegende Algorithmen:
   - Minimax-Algorithmus
   - Alpha-Beta-Pruning
   - Eröffnungsbibliotheken und Endspieldatenbanken

5. Herausforderungen:
   - Begrenzte Rechenleistung
   - Entwicklung effektiver Bewertungsfunktionen
   - Handhabung der kombinatorischen Explosion möglicher Züge

6. Meilensteine:

- 1962: Erste Niederlage eines Menschen gegen ein Schachprogramm
- 1988: Deep Thought schlägt einen Großmeister

7. Auswirkungen auf die KI-Forschung:
   - Entwicklung von Suchalgorithmen und Heuristiken
   - Verständnis von Komplexität und Problemlösung
   - Inspiration für Ansätze in anderen KI-Bereichen

Die frühen Erfolge in Brettspielen legten den Grundstein für komplexere KI-Systeme und demonstrierten das Potenzial der KI in klar definierten Problemräumen.

12.2 Deep Blue und der Sieg über Kasparov

Der Sieg von Deep Blue über den Schachweltmeister Garry Kasparov im Jahr 1997 markierte einen Wendepunkt in der Geschichte der KI:

1. Entwicklung von Deep Blue:
   - Projekt begann 1985 bei IBM unter dem Namen ChipTest
   - 1989: Umbenennung in Deep Thought
   - 1993-1997: Entwicklung von Deep Blue

2. Technische Spezifikationen:
   - 30 IBM RS/6000 SP-Knoten
   - 480 spezielle VLSI-Schachprozessoren
   - Fähigkeit, 200 Millionen Stellungen pro Sekunde zu evaluieren

3. Strategien und Algorithmen:
   - Erweiterte Minimax-Suche mit Alpha-Beta-Pruning
   - Umfangreiche Eröffnungs- und Endspieldatenbanken
   - Parallele Verarbeitung für verbesserte Suchtiefe

4. Matches gegen Kasparov:
   - 1996: Kasparov gewinnt 4-2
   - 1997: Deep Blue gewinnt 3.5-2.5

5. Bedeutung des Sieges:
   - Erste Niederlage eines amtierenden Schachweltmeisters gegen einen Computer
   - Demonstration der Leistungsfähigkeit von Computern in komplexen strategischen Aufgaben
   - Öffentliche Wahrnehmung der KI-Fortschritte

6. Kontroversen und Diskussionen:
   - Kasparovs Behauptungen über mögliche menschliche Intervention
   - Fragen zur "echten" Intelligenz vs. roher Rechenleistung

7. Nachwirkungen:
   - Verschiebung des Fokus in der KI-Forschung
   - Inspiration für weitere Fortschritte in Spielen und anderen Bereichen
   - Diskussionen über die Natur der Intelligenz und menschliche vs. maschinelle Kognition

Der Sieg von Deep Blue war ein Meilenstein, der die Grenzen zwischen menschlicher und künstlicher Intelligenz in Frage stellte und die öffentliche Wahrnehmung der KI nachhaltig veränderte.

12.3 Monte-Carlo-Methoden und deren Anwendung

Monte-Carlo-Methoden haben die KI in Spielen revolutioniert, insbesondere für Spiele mit großen Zustandsräumen:

1. Grundprinzip:
   - Zufällige Stichproben zur Schätzung von Wahrscheinlichkeiten und Werten
   - Besonders nützlich in Situationen mit unvollständiger Information

2. Monte-Carlo Tree Search (MCTS):
   - Kombination von Baumsuche und Monte-Carlo-Simulationen
   - Vier Hauptschritte: Selektion, Expansion, Simulation, Rückpropagation

3. Anwendungen in Spielen:
   - Go: Durchbruch mit Programmen wie MoGo und Fuego
   - Poker: Erfolgreiche Anwendung in No-Limit Texas Hold'em
   - Komplexe Brettspiele: Siedler von Catan, Schach-Varianten

4. Vorteile:
   - Effektiv in Spielen mit großem Verzweigungsfaktor
   - Keine Notwendigkeit für domänenspezifisches Wissen
   - Anytime-Algorithmus: Kann jederzeit unterbrochen werden

5. Herausforderungen:
   - Balance zwischen Exploration und Exploitation
   - Rechenintensiv, besonders für tiefe Bäume

- Schwierigkeiten bei deterministischen Spielen mit klaren Taktiken

6. Erweiterungen und Verbesserungen:
   - Rapid Action Value Estimation (RAVE)
   - Heuristische Initialisierung
   - Integration von Expertenwissen

7. Einfluss auf andere KI-Bereiche:
   - Planungsalgorithmen in der Robotik
   - Entscheidungsfindung unter Unsicherheit
   - Optimierungsprobleme in verschiedenen Domänen

Monte-Carlo-Methoden, insbesondere MCTS, haben die Herangehensweise an komplexe Spiele verändert und finden zunehmend Anwendung in verschiedenen Bereichen der KI-Forschung und -Anwendung.

12.4 AlphaGo und die Überwindung menschlicher Go-Meister

AlphaGo, entwickelt von DeepMind, markierte einen Durchbruch in der KI, indem es menschliche Meister im komplexen Spiel Go besiegte:

1. Herausforderungen von Go:
   - Extrem großer Zustandsraum (10^{170} mögliche Stellungen)
   - Schwierigkeit der Positionsbewertung
   - Langfristige Strategie und Intuition wichtig

2. Entwicklung von AlphaGo:
   - Kombination von Deep Learning und Monte-Carlo Tree Search
   - Training auf menschlichen Partien und Selbstspiel
   - Verwendung von Policy Networks und Value Networks

3. Wichtige Matches:
   - Oktober 2015: Sieg gegen den europäischen Go-Meister Fan Hui
   - März 2016: Sieg gegen Lee Sedol (4-1), einen der weltbesten Go-Spieler

4. Technische Innovationen:
   - Verwendung von Convolutional Neural Networks für Go-Brettmuster
   - Reinforcement Learning durch Selbstspiel
   - Effiziente Parallelisierung und verteiltes Training

5. Weiterentwicklungen:

- AlphaGo Zero: Lernen ohne menschliches Vorwissen
- AlphaZero: Verallgemeinerung auf andere Spiele (Schach, Shogi)

6. Bedeutung für die KI-Forschung:
- Demonstration der Leistungsfähigkeit von Deep Learning in komplexen Domänen
- Neue Ansätze für die Kombination von Suche und neuronalen Netzen
- Impulse für die Erforschung von generalisierbarer KI

7. Gesellschaftliche und philosophische Implikationen:
- Diskussionen über die Natur der Kreativität und Intuition
- Fragen zur Überlegenheit von Maschinen in kognitiven Aufgaben
- Potenzielle Anwendungen in anderen komplexen Entscheidungsproblemen

8. Einfluss auf die Go-Welt:
- Veränderung von Spielstrategien und -taktiken
- Verwendung von KI als Trainingstool für menschliche Spieler

Der Erfolg von AlphaGo und seinen Nachfolgern hat nicht nur die Grenzen der KI in Spielen verschoben, sondern auch neue Wege für die KI-Forschung in komplexen Entscheidungsdomänen eröffnet.

12.5 KI in Videospielen und Simulationen

Die Entwicklung von KI in Videospielen und Simulationen hat sowohl die Spieleindustrie als auch die KI-Forschung beeinflusst:

1. Frühe KI in Videospielen:
   - Einfache Skripte und Zustandsmaschinen
   - Pac-Man (1980): Geister mit unterschiedlichen Verhaltensweisen
   - Space Invaders (1978): Anpassung der Schwierigkeit an Spielerleistung

2. Fortgeschrittene Techniken:
   - Pathfinding-Algorithmen (z.B. A*)
   - Fuzzy Logic für realistischeres Verhalten
   - Neuronale Netze für Lernen und Anpassung
   - Verhaltensbasierte KI und Finite State Machines

3. Moderne KI in Spielen:
   - Prozedurales Content Generation (z.B. No Man's Sky)
   - Dynamische Schwierigkeitsanpassung
   - Emergentes Verhalten in Open-World-Spielen
   - NPCs mit komplexen Dialogsystemen

4. KI-gesteuerte Gegner:
   - Taktische und strategische KI in Strategiespielen
   - Lernfähige Gegner in Kampfspielen
   - Kooperative KI für Teamspiele

5. Simulationen und ernsthafte Spiele:
   - Militärische Simulationen für Trainings- und

Planungszwecke
- Wirtschaftssimulationen für Prognoseszenarien
- Medizinische Simulationen für Ausbildung und Forschung

6. KI als Spielentwicklungstool:
   - Automatisierte Testverfahren
   - KI-assistierte Level-Generierung
   - Balancing und Spielmechanik-Optimierung

7. eSports und KI:
   - KI als Trainingspartner für professionelle Spieler
   - Analyse von Spielstrategien und -taktiken
   - KI-Kommentatoren für Spiele

8. Herausforderungen und Zukunftstrends:
   - Verbesserung der emotionalen Intelligenz von NPCs
   - Integration von natürlicher Sprachverarbeitung für realistische Dialoge
   - Echtzeit-Raytracing und KI-gestützte Grafikverbesserung
   - Ethische Fragen bei der Darstellung von KI-gesteuerten Charakteren

9. Forschung und Industrie:
   - Videospiele als Testumgebung für KI-Algorithmen (z.B. OpenAI in Dota 2)
   - Transfer von Spieletechnologien in reale Anwendungen
   - Zusammenarbeit zwischen Spieleentwicklern und KI-Forschern

Die Entwicklung von KI in Videospielen und Simulationen hat nicht nur die Spielerfahrung verbessert, sondern auch wichtige Beiträge zur KI-Forschung geleistet und neue Anwendungsfelder für KI-Technologien eröffnet.

12.6 Zusammenfassung

Kapitel 12 befasst sich mit der Entwicklung und dem Einsatz von KI in Spielen, einem wichtigen Testfeld für KI-Technologien. Hier die Kernpunkte:

1. Frühe KI in Brettspielen: Das Kapitel beginnt mit den ersten Versuchen, KI für Brettspiele wie Schach und Dame zu entwickeln. Es werden frühe Algorithmen wie Minimax und Alpha-Beta-Pruning vorgestellt und ihre Bedeutung für die KI-Forschung erläutert.

2. Deep Blue und der Sieg über Kasparov: Ein zentraler Abschnitt widmet sich dem historischen Sieg von IBMs Deep Blue über den Schachweltmeister Garry Kasparov im Jahr 1997. Die technischen Details von Deep Blue, die Bedeutung dieses Meilensteins und seine Auswirkungen auf die öffentliche Wahrnehmung von KI werden diskutiert.

3. Monte-Carlo-Methoden und deren Anwendung: Das Kapitel behandelt die Entwicklung und Anwendung von Monte-Carlo-Methoden in der Spieltheorie, insbesondere den Monte-Carlo Tree Search (MCTS) Algorithmus. Es wird gezeigt, wie diese Methoden zu Durchbrüchen in komplexen Spielen wie Go führten.

4. AlphaGo und die Überwindung menschlicher Go-Meister: Ein wichtiger Abschnitt befasst sich mit der Entwicklung von AlphaGo durch DeepMind und seinem historischen Sieg über den Go-Weltmeister Lee Sedol. Die technischen Innovationen hinter AlphaGo, einschließlich der Kombination von Deep Learning und MCTS, werden erläutert.

5. KI in Videospielen und Simulationen: Abschließend wird der Einsatz von KI in modernen Videospielen und Simulationen diskutiert. Es werden Themen wie NPC-Verhalten, prozedurale Inhaltsgenerierung und der Einsatz von KI als Trainingspartner in E-Sports behandelt.

Das Kapitel zeigt, wie Spiele als Benchmark und Treiber für die KI-Entwicklung gedient haben. Es wird deutlich, wie die Herausforderungen komplexer Spiele zu wichtigen Durchbrüchen in der KI-Forschung geführt haben, von der Verbesserung von Suchalgorithmen bis hin zur Entwicklung fortgeschrittener Lern- und Planungstechniken.

Die Evolution der KI in Spielen wird als Spiegel der allgemeinen Fortschritte in der KI-Forschung dargestellt, von regelbasierten Systemen über statistische Methoden bis hin zu modernen Deep-Learning-Ansätzen. Gleichzeitig werden die Grenzen und Herausforderungen dieser Erfolge diskutiert, insbesondere im Hinblick auf die Übertragbarkeit auf reale, komplexe Probleme.

Das Kapitel bereitet den Leser auf die Diskussion zukünftiger Entwicklungen vor, einschließlich der potenziellen Anwendungen spielbasierter KI-Techniken in anderen Bereichen und der ethischen Fragen, die sich aus der Entwicklung übermenschlicher KI-Systeme ergeben.

13. BIG DATA UND DER AUFSTIEG DES DEEP LEARNING

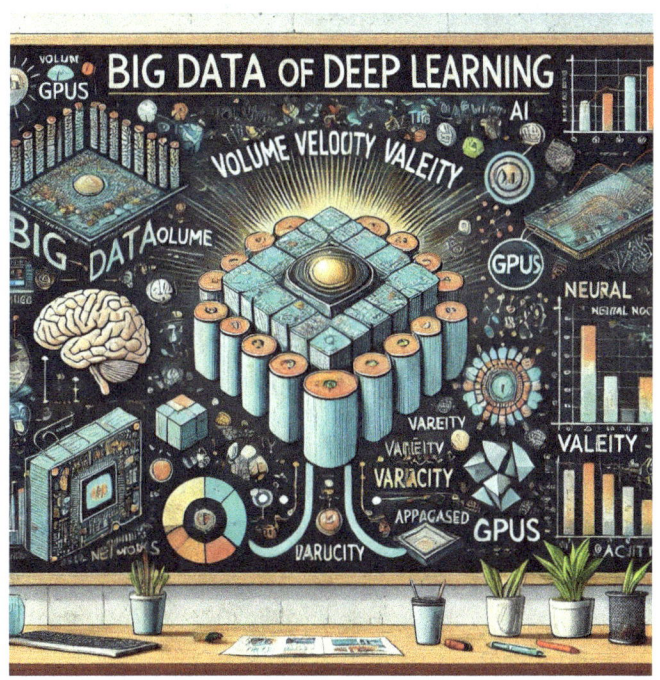

13.1 Grundlagen von Big Data

Big Data hat die Landschaft der KI grundlegend verändert und neue Möglichkeiten für maschinelles Lernen eröffnet:

1. Definition von Big Data:
   - Volume: Enorme Datenmengen
   - Velocity: Hohe Geschwindigkeit der Datenerzeugung und -verarbeitung
   - Variety: Vielfalt der Datentypen und -quellen
   - Veracity: Frage der Datenqualität und -zuverlässigkeit
   - Value: Wertschöpfung aus den Daten

2. Technologische Voraussetzungen:
   - Fortschritte in der Speichertechnologie
   - Entwicklung verteilter Rechensysteme
   - Verbesserung der Netzwerkinfrastruktur

3. Datenquellen:
   - Soziale Medien und Online-Aktivitäten
   - Internet of Things (IoT) und Sensordaten
   - Wissenschaftliche Experimente und Beobachtungen
   - Geschäftstransaktionen und Kundeninteraktionen

4. Big Data-Technologien:
   - Hadoop-Ökosystem für verteilte Datenverarbeitung
   - NoSQL-Datenbanken für flexible Datenspeicherung
   - Apache Spark für schnelle Datenverarbeitung
   - Cloud Computing für skalierbare Infrastruktur

5. Analytische Methoden:
   - Deskriptive Analytik: Was ist passiert?

- Prädiktive Analytik: Was könnte passieren?
- Präskriptive Analytik: Was sollten wir tun?

6. Herausforderungen:
   - Datenschutz und Sicherheit
   - Datenqualität und -bereinigung
   - Skalierbarkeit von Analysealgorithmen
   - Interpretierbarkeit komplexer Modelle

7. Auswirkungen auf die KI:
   - Ermöglichung datengetriebener Ansätze in der KI
   - Verbesserung der Genauigkeit von ML-Modellen
   - Erschließung neuer Anwendungsfelder für KI

Big Data hat die Grundlage für viele moderne KI-Anwendungen geschaffen und bleibt ein zentraler Treiber für Innovationen in der KI-Forschung und -Entwicklung.

13.2 Entwicklung des Deep Learning

Deep Learning hat sich als bahnbrechender Ansatz in der KI erwiesen und viele traditionelle Methoden revolutioniert:

1. Historische Wurzeln:
   - 1943: McCulloch-Pitts-Neuron
   - 1958: Perceptron von Frank Rosenblatt
   - 1980er: Neocognitron von Kunihiko Fukushima

2. Wiederauferstehung neuronaler Netze:
   - 1986: Backpropagation-Algorithmus populär gemacht
   - 2006: Durchbruch mit Deep Belief Networks (Hinton et al.)
   - 2012: AlexNet gewinnt ImageNet-Wettbewerb

3. Wichtige Architekturen:
   - Convolutional Neural Networks (CNN) für Bildverarbeitung
   - Recurrent Neural Networks (RNN) und LSTM für sequenzielle Daten
   - Generative Adversarial Networks (GAN) für Datengenerierung
   - Transformer-Modelle für NLP-Aufgaben

4. Technische Fortschritte:
   - Verbesserung der Aktivierungsfunktionen (ReLU)
   - Regularisierungstechniken (Dropout, Batch Normalization)
   - Fortgeschrittene Optimierungsalgorithmen (Adam, RMSprop)

5. Ermöglichende Faktoren:

- Verfügbarkeit großer Datensätze
- Fortschritte in der GPU-Technologie
- Open-Source-Frameworks (TensorFlow, PyTorch)

6. Anwendungsbereiche:
   - Computer Vision (Objekterkennung, Gesichtserkennung)
   - Natürliche Sprachverarbeitung (Übersetzung, Textgenerierung)
   - Spracherkennung und -synthese
   - Robotik und Steuerungssysteme

7. Herausforderungen:
   - Hoher Rechenaufwand und Energieverbrauch
   - Bedarf an großen Datenmengen
   - Interpretierbarkeit und Erklärbarkeit der Modelle
   - Transfer Learning und Few-Shot Learning

8. Zukünftige Trends:
   - Selbstüberwachtes Lernen
   - Neuromorphe Hardware
   - Integration von symbolischem Reasoning und Deep Learning

Die Entwicklung des Deep Learning hat zu einer neuen Ära in der KI geführt, mit Durchbrüchen in vielen Anwendungsbereichen und einer fortlaufenden Erweiterung der Grenzen dessen, was mit KI möglich ist.

13.3 Hardware-Revolutionen für KI

Die Fortschritte in der Hardware-Technologie waren entscheidend für den Aufstieg des Deep Learning und der modernen KI:

1. Rolle der GPUs:
   - 2001: Erste Verwendung von GPUs für Matrixoperationen
   - 2007: NVIDIA's CUDA-Plattform für allgemeine GPU-Berechnungen
   - Massive Parallelisierung ermöglicht effizientes Training neuronaler Netze

2. Spezialisierte KI-Chips:
   - Google's Tensor Processing Units (TPUs)
   - Apple's Neural Engine
   - Intel's Nervana und Habana Labs Prozessoren

3. FPGA und ASIC:
   - Field-Programmable Gate Arrays für flexible KI-Beschleunigung
   - Application-Specific Integrated Circuits für hochoptimierte Leistung

4. Neuromorphe Hardware:
   - IBM's TrueNorth-Chip
   - Intel's Loihi-Prozessor
   - Nachbildung biologischer neuronaler Netze in Hardware

5. Quantencomputing für KI:
   - Potenzial für exponentiell schnellere Berechnungen
   - Frühe Experimente mit Quantenalgorithmen für ML

6. Edge Computing und KI:

- KI-Verarbeitung auf Endgeräten (Smartphones, IoT-Geräte)
   - Reduzierung von Latenz und Datentransfer

7. Energieeffizienz:
   - Entwicklung energieeffizienter KI-Chips
   - Bedeutung für mobile und eingebettete Anwendungen

8. Cloud-Infrastruktur für KI:
   - Skalierbare Rechenressourcen für KI-Training und -Inferenz
   - Spezialisierte Cloud-Dienste für KI-Workloads

9. Herausforderungen und Zukunftstrends:
   - Überwindung der Grenzen des Moore'schen Gesetzes
   - Integration von Speicher und Verarbeitung
   - Entwicklung von Hardware für spezifische KI-Architekturen

Die Hardware-Revolutionen haben nicht nur die Leistungsfähigkeit von KI-Systemen drastisch erhöht, sondern auch neue Anwendungsmöglichkeiten eröffnet und die Forschungslandschaft verändert.

13.4 Durchbrüche in der Bild- und Spracherkennung

Die Fortschritte im Deep Learning haben zu bemerkenswerten Durchbrüchen in der Bild- und Spracherkennung geführt:

1. Bilderkennung:
   - 2012: AlexNet revolutioniert Computer Vision im ImageNet-Wettbewerb
   - Entwicklung fortgeschrittener CNN-Architekturen (VGG, ResNet, Inception)
   - Objekterkennung in Echtzeit (YOLO, SSD)
   - Fortschritte in der Gesichtserkennung und -verifikation
   - Bildgenerierung und -manipulation durch GANs

2. Spracherkennung:
   - Übergang von Hidden Markov Models zu Deep Neural Networks
   - End-to-End-Spracherkennung mit CTC (Connectionist Temporal Classification)
   - Entwicklung von Aufmerksamkeitsmechanismen für verbesserte Genauigkeit
   - Mehrsprachige und akzentunabhängige Spracherkennung

3. Natürliche Sprachverarbeitung:
   - Word Embeddings (Word2Vec, GloVe) für semantische Repräsentation
   - Sequenz-zu-Sequenz-Modelle für maschinelle Übersetzung
   - Transformer-Architektur und BERT für kontextabhängiges Sprachverständnis
   - GPT-Modelle für hochqualitative Textgenerierung

4. Multimodale Modelle:
 - Integration von Bild- und Textverständnis (z.B. für Bildunterschriftengenerierung)
   - Audio-visuelle Spracherkennung
   - Cross-modal Retrieval und Generierung

5. Anwendungen:
   - Virtuelle Assistenten (Siri, Alexa, Google Assistant)
   - Autonomes Fahren und Roboternavigation
   - Medizinische Bildanalyse und Diagnose
   - Übersetzungsdienste und mehrsprachige Kommunikation

6. Herausforderungen:
   - Robustheit gegenüber Störungen und Adversarial Attacks
   - Umgang mit Bias in Trainingsdaten
   - Datenschutz und ethische Bedenken
   - Erklärbarkeit und Interpretierbarkeit der Modelle

7. Zukünftige Trends:
   - Selbstüberwachtes Lernen für bessere Generalisierung
   - Verbesserung der Dateneffizienz (Few-Shot Learning)
   - Integration von Weltwissen und Common Sense Reasoning
   - Entwicklung von Modellen mit menschenähnlicher Flexibilität und Anpassungsfähigkeit

Die Durchbrüche in der Bild- und Spracherkennung haben nicht nur die technologischen Möglichkeiten erweitert, sondern auch tiefgreifende Auswirkungen auf verschiedene Industrien und gesellschaftliche Bereiche.

13.5 Deep Learning in verschiedenen Domänen

Deep Learning hat sich in zahlreichen Anwendungsbereichen als transformative Technologie erwiesen:

1. Medizin und Gesundheitswesen:
   - Bildgebende Diagnostik (z.B. Erkennung von Tumoren in CT-Scans)
   - Vorhersage von Krankheitsverläufen
   - Entwicklung neuer Medikamente
   - Personalisierte Medizin und Behandlungsplanung

2. Finanzwesen:
   - Algorithmischer Handel und Portfoliomanagement
   - Betrugserkennung und Risikobewertung
   - Kreditwürdigkeitsprüfung
   - Kundenservice-Automatisierung durch Chatbots

3. Autonomes Fahren:
   - Objekterkennung und Verkehrszeichenerkennung
   - Prädiktive Steuerung und Routenplanung
   - Umgebungskartierung und Lokalisierung
   - Fahrerüberwachung und Sicherheitssysteme

4. Robotik:
   - Visuelle Wahrnehmung und Objektmanipulation
   - Mensch-Roboter-Interaktion
   - Autonome Navigation in komplexen Umgebungen
   - Lernfähige Industrieroboter

5. Energie und Umwelt:
   - Vorhersage erneuerbarer Energieerzeugung
   - Optimierung von Energienetzen
   - Klimamodellierung und -vorhersage
   - Überwachung von Ökosystemen und Biodiversität

6. Unterhaltung und Medien:
   - Personalisierte Empfehlungssysteme
   - Automatische Videobearbeitung und -generierung
   - Verbesserung von Spezialeffekten
   - KI-generierte Musik und Kunst

7. Bildung:
   - Personalisierte Lernpfade
   - Automatische Bewertung und Feedback
   - Intelligente Tutorsysteme
   - Verbesserung der Zugänglichkeit durch Sprach- und Texttechnologien

8. Sicherheit und Verteidigung:
   - Cybersicherheit und Angriffserkennung
   - Drohnennavigation und -steuerung
   - Aufklärung und Bildanalyse
   - Simulationen für Trainingszwecke

9. Landwirtschaft:
   - Präzisionslandwirtschaft und Erntevorhersage
   - Automatisierte Unkraut- und Schädlingsbekämpfung
   - Optimierung von Bewässerung und Düngung
   - Überwachung der Tiergesundheit

10. Fertigungsindustrie:
    - Predictive Maintenance
    - Qualitätskontrolle durch Computer Vision
    - Optimierung von Produktionsprozessen
    - Entwicklung neuer Materialien

Die breite Anwendung von Deep Learning in diesen

verschiedenen Domänen zeigt das transformative Potenzial dieser Technologie und treibt gleichzeitig die Entwicklung neuer, spezialisierter Algorithmen und Architekturen voran.

13.6 Herausforderungen und Zukunftsperspektiven

Trotz der beeindruckenden Fortschritte steht Deep Learning vor wichtigen Herausforderungen, die gleichzeitig Möglichkeiten für zukünftige Entwicklungen bieten:

1. Interpretierbarkeit und Erklärbarkeit:
  - Entwicklung von Methoden zur Visualisierung und Interpretation von Netzwerkentscheidungen
  - Integration von erklärbaren KI-Techniken in komplexe Deep-Learning-Modelle
  - Herausforderungen bei der Einhaltung regulatorischer Anforderungen (z.B. DSGVO)

2. Dateneffizienz und Few-Shot Learning:
  - Reduzierung der erforderlichen Datenmenge für effektives Training
  - Entwicklung von Techniken für Transfer Learning und Domain Adaptation
  - Fortschritte im Meta-Learning und Few-Shot Learning

3. Robustheit und Zuverlässigkeit:
  - Verbesserung der Widerstandsfähigkeit gegen Adversarial Attacks
  - Entwicklung von Techniken zur Quantifizierung der Modellunsicherheit
  - Erhöhung der Zuverlässigkeit in sicherheitskritischen Anwendungen

4. Energieeffizienz und Nachhaltigkeit:
  - Entwicklung energieeffizienterer Deep Learning

Architekturen
- Erforschung von Neuromorphic Computing für energiesparende KI
- Berücksichtigung der ökologischen Auswirkungen von KI-Systemen

5. Integration von Domänenwissen:
- Verbindung von datengetriebenen und wissensbasierten Ansätzen
- Entwicklung von Methoden zur effektiven Nutzung von Expertenwissen in Deep Learning
- Verbesserung der Generalisierungsfähigkeit durch Einbeziehung von Vorwissen

6. Skalierbarkeit und Ressourceneffizienz:
- Optimierung von Modellarchitekturen für effizienteres Training und Inferenz
- Entwicklung von Techniken für verteiltes und föderiertes Lernen
- Erforschung von Ansätzen zur Komprimierung und Destillation von Modellen

7. Kontinuierliches und lebenslanges Lernen:
- Überwindung des "Catastrophic Forgetting" Problems
- Entwicklung von Modellen, die kontinuierlich aus neuen Daten lernen können
- Integration von Transfer Learning und Meta-Learning für flexiblere KI-Systeme

8. Interdisziplinäre Zusammenarbeit:
- Förderung der Zusammenarbeit zwischen KI-Forschern und Domänenexperten
- Integration von Erkenntnissen aus Neurowissenschaften und Kognitionsforschung
- Entwicklung ethischer Richtlinien durch Zusammenarbeit mit Geisteswissenschaften

9. Demokratisierung von KI:

- Entwicklung benutzerfreundlicher Tools für nichttechnische Anwender
- Förderung von Open-Source-Initiativen und -Plattformen
- Verbesserung der KI-Bildung und -Alphabetisierung in der breiten Öffentlichkeit

10. Langfristige Forschungsziele:
- Fortschritte in Richtung künstlicher allgemeiner Intelligenz (AGI)
- Erforschung von Bewusstsein und Kognition in KI-Systemen
- Untersuchung der langfristigen gesellschaftlichen Auswirkungen fortschrittlicher KI

Die Bewältigung dieser Herausforderungen und die Verfolgung dieser Zukunftsperspektiven werden die Landschaft des Deep Learning und der KI in den kommenden Jahren maßgeblich prägen. Es wird eine Balance zwischen technologischem Fortschritt und verantwortungsvoller Entwicklung erforderlich sein.

13.7 Zusammenfassung

Das 13. Kapitel hat die transformative Kraft von Big Data und den Aufstieg des Deep Learning in der KI-Landschaft beleuchtet:

1. Die Grundlagen des Big Data haben die Voraussetzungen für den Durchbruch des Deep Learning geschaffen, indem sie die notwendigen Datenmengen und Rechenkapazitäten bereitstellten.

2. Die Entwicklung des Deep Learning markiert einen Paradigmenwechsel in der KI, der zu bahnbrechenden Fortschritten in verschiedenen Anwendungsbereichen geführt hat.

3. Hardware-Revolutionen, insbesondere im Bereich der GPUs und spezialisierten KI-Chips, haben die rasante Entwicklung des Deep Learning erst ermöglicht.

4. Durchbrüche in der Bild- und Spracherkennung haben die praktische Anwendbarkeit und das Potenzial von Deep Learning-Technologien demonstriert.

5. Die Anwendung von Deep Learning in verschiedenen Domänen, von der Medizin bis zur Finanzbranche, zeigt die breite Wirkung dieser Technologie.

6. Trotz beeindruckender Fortschritte stehen wir vor bedeutenden Herausforderungen, die von technischen Limitationen bis hin zu ethischen Bedenken reichen.

Der Aufstieg des Deep Learning, angetrieben durch Big Data und technologische Fortschritte, hat eine neue Ära der

KI eingeläutet. Diese Entwicklung verspricht, viele Bereiche unseres Lebens und unserer Gesellschaft grundlegend zu verändern.

Gleichzeitig müssen wir uns den Herausforderungen und potenziellen Risiken dieser Technologie bewusst sein. Die verantwortungsvolle Entwicklung und Anwendung von Deep Learning-Technologien erfordert einen interdisziplinären Ansatz, der technische Innovation mit ethischen Überlegungen und gesellschaftlichen Bedürfnissen in Einklang bringt.

Die Zukunft des Deep Learning und der KI im Allgemeinen wird davon abhängen, wie gut es uns gelingt, diese Technologien zu verfeinern, ihre Grenzen zu verstehen und sie zum Wohle der Gesellschaft einzusetzen. Dies bleibt eine der spannendsten und wichtigsten Herausforderungen unserer Zeit.

14. KI-ETHIK UND GESELLSCHAFTLICHE AUSWIRKUNGEN

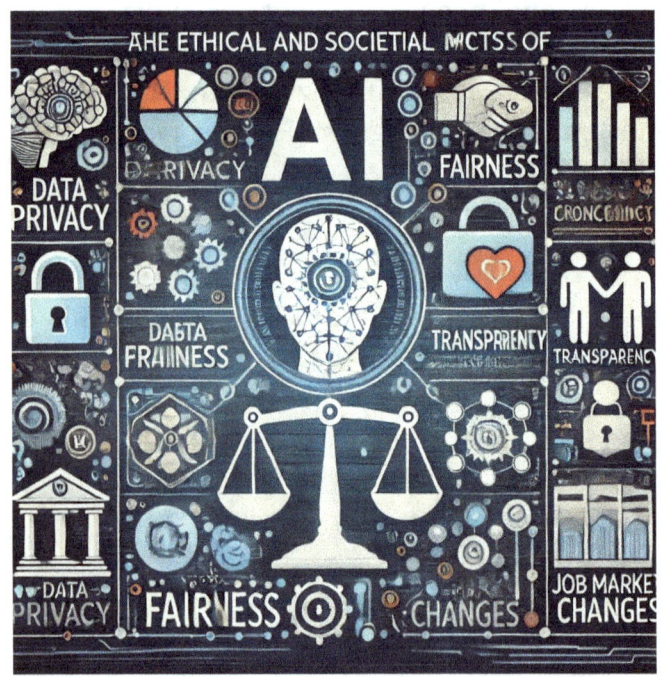

14.1 Datenschutz und Privatsphäre

Die zunehmende Verbreitung von KI-Systemen hat wichtige Fragen zum Datenschutz und zur Privatsphäre aufgeworfen:

1. Datensammlung und -nutzung:
   - Umfang und Art der von KI-Systemen gesammelten Daten
   - Transparenz bei der Datenerfassung und -verarbeitung
   - Problematik der Sekundärnutzung von Daten

2. Datenschutzgesetze und -regulierungen:
   - Europäische Datenschutz-Grundverordnung (DSGVO)
   - California Consumer Privacy Act (CCPA)
   - Globale Unterschiede in Datenschutzstandards

3. Anonymisierung und De-Anonymisierung:
   - Techniken zur Anonymisierung von Datensätzen
   - Risiken der Re-Identifizierung durch fortschrittliche KI-Methoden
   - Differential Privacy als möglicher Lösungsansatz

4. Privatsphäre-erhaltende KI-Techniken:
   - Föderiertes Lernen für verteiltes Training ohne Datenaustausch
   - Homomorphe Verschlüsselung für Berechnungen auf verschlüsselten Daten
   - Secure Multi-Party Computation für kollaboratives Lernen

5. Biometrische Daten und KI:
   - Gesichtserkennung und deren Auswirkungen auf die Privatsphäre
   - Ethische Bedenken bei der Nutzung biometrischer Daten

- Regulierung und Einschränkung biometrischer Überwachung

6. KI und Überwachung:
   - Einsatz von KI in Überwachungssystemen
   - Balanceakt zwischen Sicherheit und Privatsphäre
   - Soziale Auswirkungen umfassender Überwachung

7. Informierte Einwilligung und Transparenz:
   - Herausforderungen bei der Einholung informierter Zustimmung für KI-Systeme
   - Notwendigkeit verständlicher Erklärungen für Datennutzung
   - Recht auf Vergessenwerden und Datenportabilität

8. Zukünftige Herausforderungen:
   - KI-gestützte Vorhersagen persönlicher Informationen
   - Auswirkungen von Quantencomputing auf Datenverschlüsselung
   - Ethische Implikationen von Brain-Computer-Interfaces

Die Bewältigung dieser Herausforderungen erfordert eine kontinuierliche Anpassung rechtlicher Rahmenbedingungen, die Entwicklung neuer technologischer Lösungen und einen gesellschaftlichen Diskurs über den Wert der Privatsphäre im digitalen Zeitalter.

14.2 Bias und Fairness in KI-Systemen

Bias und Fairness sind zentrale ethische Herausforderungen in der Entwicklung und Anwendung von KI-Systemen:

1. Formen von Bias in KI:
   - Datenbias: Verzerrungen in Trainingsdaten
   - Algorithmusbias: Voreingenommenheit in Modellstrukturen oder Optimierungszielen
   - Interaktionsbias: Verzerrungen durch Nutzerfeedback und -interaktion

2. Auswirkungen von Bias:
   - Diskriminierung bestimmter Gruppen
   - Verstärkung bestehender gesellschaftlicher Ungleichheiten
   - Fehlerhafte Entscheidungen in kritischen Anwendungen

3. Fairness-Metriken und -Definitionen:
   - Statistische Parität
   - Gleichheit der Chancen
   - Prädiktive Parität
   - Herausforderungen bei der Vereinbarkeit verschiedener Fairness-Kriterien

4. Techniken zur Bias-Erkennung und -Minderung:
   - Datenvorverarbeitungsmethoden
   - In-Processing-Techniken während des Modelltrainings
   - Post-Processing-Ansätze zur Anpassung von Modellergebnissen

5. Intersektionalität und komplexe Bias-Strukturen:
- Berücksichtigung mehrfacher, sich überschneidender Diskriminierungsformen
- Entwicklung von Methoden zur Erfassung komplexer Bias-Muster

6. Transparenz und Erklärbarkeit:
- Bedeutung interpretierbarer Modelle für Fairness-Analysen
- Entwicklung von Tools zur Visualisierung und Erklärung von Bias

7. Regulatorische und rechtliche Aspekte:
- Entwicklung von Richtlinien für faire KI-Systeme
- Rechtliche Herausforderungen bei der Definition und Durchsetzung von Fairness

8. Ethische Frameworks und Best Practices:
- Entwicklung von Ethik-Richtlinien für KI-Entwickler
- Integration von Fairness-Überlegungen in den gesamten KI-Entwicklungszyklus

9. Kulturelle und globale Perspektiven:
- Unterschiedliche Fairness-Konzepte in verschiedenen Kulturen
- Herausforderungen bei der Entwicklung global fairer KI-Systeme

10. Zukünftige Forschungsrichtungen:
- Entwicklung dynamischer Fairness-Modelle
- Integration von Kausalität in Fairness-Betrachtungen
- Untersuchung langfristiger Auswirkungen von Fairness-Interventionen

Die Bewältigung von Bias und die Gewährleistung von Fairness in KI-Systemen erfordern einen interdisziplinären Ansatz, der technische, ethische, rechtliche und soziale Aspekte berücksichtigt.

14.3 Transparenz und Erklärbarkeit von KI-Entscheidungen

Die Forderung nach Transparenz und Erklärbarkeit von KI-Systemen ist zu einem zentralen Thema in der KI-Ethik geworden:

1. Bedeutung von Transparenz und Erklärbarkeit:
   - Vertrauensbildung in KI-Systeme
   - Ermöglichung menschlicher Überprüfung und Intervention
   - Erfüllung rechtlicher und regulatorischer Anforderungen

2. Herausforderungen bei komplexen Modellen:
   - "Black Box"-Natur von Deep Learning Modellen
   - Spannungsfeld zwischen Modellkomplexität und Interpretierbarkeit
   - Skalierungsprobleme bei der Erklärung hochdimensionaler Daten

3. Methoden zur Modellinterpretation:
   - Feature Importance Techniken (z.B. SHAP, LIME)
   - Visualisierung von Netzwerkaktivierungen
   - Adversariale Beispiele zur Modellanalyse
   - Attention-Mechanismen in neuronalen Netzen

4. Entwicklung erklärbarer KI-Modelle:
   - Regelbasierte Systeme und Entscheidungsbäume
   - Lineare Modelle mit Sparsity-Constraints
   - Neuro-symbolische Ansätze

5. Post-hoc Erklärbarkeit:
   - Generierung natürlichsprachlicher Erklärungen

- Kontrafaktische Erklärungen
   - Beispielbasierte Erklärungen

6. Domänenspezifische Herausforderungen:
   - Medizinische Diagnostik und Behandlungsempfehlungen
   - Finanzielle Entscheidungen und Kreditvergabe
   - Justizsystem und Risikobewertung

7. Ethische Implikationen:
   - Recht auf Erklärung vs. geistiges Eigentum
   - Abwägung zwischen Transparenz und Systemleistung
   - Möglicher Missbrauch von Erklärungen

8. Regulatorische Ansätze:
   - EU-Vorschlag für KI-Regulierung
   - GDPR "Recht auf Erklärung"
   - Branchenspezifische Richtlinien (z.B. im Finanzsektor)

9. Nutzerorientierte Perspektiven:
   - Gestaltung verständlicher Erklärungsschnittstellen
   - Anpassung von Erklärungen an unterschiedliche Zielgruppen
   - Evaluation der Nützlichkeit und Verständlichkeit von Erklärungen

10. Zukünftige Forschungsrichtungen:
    - Integration von Kausalität in Erklärungsmodelle
    - Entwicklung interaktiver Erklärungssysteme
    - Erforschung kognitiver Aspekte der Interpretation von KI-Erklärungen

Die Verbesserung der Transparenz und Erklärbarkeit von KI-Systemen ist entscheidend für deren verantwortungsvolle Entwicklung und Einsatz in der Gesellschaft.

14.4 KI und Arbeitsmarktveränderungen

Die Auswirkungen von KI auf den Arbeitsmarkt sind ein wichtiges gesellschaftliches Thema mit weitreichenden Implikationen:

1. Automatisierung und Jobverluste:
   - Prognosen zur Anzahl gefährdeter Arbeitsplätze
   - Besonders betroffene Sektoren und Berufsgruppen
   - Regionale und demografische Unterschiede in den Auswirkungen

2. Entstehung neuer Arbeitsplätze und Berufe:
   - KI-spezifische Rollen (z.B. ML Engineers, AI Ethicists)
   - Indirekte Jobschaffung durch KI-getriebenes Wirtschaftswachstum
   - Transformation bestehender Berufsbilder

3. Veränderung von Arbeitsanforderungen:
   - Zunehmende Bedeutung von digitalen und KI-bezogenen Fähigkeiten
   - Fokus auf kreative, soziale und emotionale Intelligenz
   - Notwendigkeit lebenslangen Lernens

4. KI als Arbeitswerkzeug:
   - Augmentation menschlicher Fähigkeiten durch KI
   - Verbesserung von Produktivität und Effizienz
   - Herausforderungen bei der Integration von KI in Arbeitsprozesse

5. Wirtschaftliche Auswirkungen:
   - Potenzielle Zunahme von Einkommensungleichheit

- Veränderungen in der globalen Arbeitsteilung
- Auswirkungen auf Wirtschaftswachstum und Produktivität

6. Soziale und psychologische Aspekte:
   - Auswirkungen auf Arbeitszufriedenheit und -identität
   - Stress und Unsicherheit durch technologischen Wandel
   - Veränderungen in der Work-Life-Balance

7. Bildung und Umschulung:
   - Anpassung von Bildungssystemen an KI-Anforderungen
   - Entwicklung effektiver Umschulungsprogramme
   - Rolle von Online-Lernen und KI-gestützter Bildung

8. Politische und rechtliche Rahmenbedingungen:
   - Diskussionen um Universelles Grundeinkommen
   - Anpassung von Arbeitsgesetzen und sozialen Sicherungssystemen
   - Förderung von Innovation bei gleichzeitigem Arbeitnehmerschutz

9. Ethische Überlegungen:
   - Fairness bei KI-basierten Einstellungs- und Beförderungsentscheidungen
   - Datenschutz am Arbeitsplatz
   - Verantwortung von Unternehmen für Mitarbeiter im Kontext der Automatisierung

10. Langfristige Perspektiven:
    - Szenarien für eine post-scarcity Ökonomie
    - Neudefiniton von Arbeit und Produktivität
    - Mögliche Verschiebung zu einer Freizeitgesellschaft

Die Bewältigung der durch KI verursachten Arbeitsmarktveränderungen erfordert eine koordinierte Anstrengung von Politik, Wirtschaft, Bildungseinrichtungen und der Zivilgesellschaft, um einen gerechten und inklusiven Übergang zu gestalten.

14.5 Regulierung und Governance von KI

Die Regulierung und Governance von KI ist ein komplexes und sich schnell entwickelndes Feld, das verschiedene Aspekte umfasst:

1. Globale Initiativen:
   - OECD-Prinzipien für KI
   - UNESCO-Empfehlungen zur Ethik der KI
   - G20-Diskussionen zur KI-Governance

2. Nationale Strategien:
   - Chinas Pläne zur KI-Führerschaft
   - US-amerikanische KI-Initiative
   - Europäische Strategie für Künstliche Intelligenz

3. Regulatorische Ansätze:
   - EU-Vorschlag für KI-Regulierung (AI Act)
   - Sektorspezifische Regulierungen (z.B. im Gesundheitswesen, Finanzsektor)
   - Diskussionen um Selbstregulierung vs. staatliche Regulierung

4. Ethische Richtlinien:
   - IEEE Ethically Aligned Design
   - Unternehmensrichtlinien (z.B. Google AI Principles)
   - Akademische Initiativen (z.B. Asilomar AI Principles)

5. Standardisierung:
   - ISO/IEC-Standards für KI
   - IEEE P7000 Serie für ethische KI
   - Branchenspezifische Standards

6. Haftung und Verantwortlichkeit:
   - Rechtliche Fragen bei KI-verursachten Schäden
   - Produkthaftung für KI-Systeme
   - Versicherungslösungen für KI-Risiken

7. Internationale Zusammenarbeit und Wettbewerb:
   - Herausforderungen der grenzüberschreitenden KI-Governance
   - Technologietransfer und geistiges Eigentum
   - Ethische Implikationen von KI in der internationalen Entwicklung

8. Öffentliche Beteiligung und Transparenz:
   - Mechanismen zur Einbeziehung der Zivilgesellschaft
   - Offenlegungspflichten für KI-Systeme
   - Bildungsinitiativen zur KI-Kompetenz

9. Öffentliche Beteiligung und Transparenz:
   - Mechanismen zur Einbeziehung der Zivilgesellschaft in KI-Governance
   - Offenlegungspflichten für KI-Systeme in sensiblen Bereichen
   - Bildungsinitiativen zur Förderung des öffentlichen Verständnisses von KI

10. Sektorspezifische Regulierungen:
    - Anpassung bestehender Regulierungen in Bereichen wie Gesundheitswesen, Finanzen und Transport
    - Entwicklung neuer Regulierungsansätze für KI-spezifische Herausforderungen
    - Balancierung von Innovation und Sicherheit in verschiedenen Sektoren

11. Globale Koordination:
    - Bemühungen um internationale Harmonisierung von KI-Regulierungen
    - Rolle internationaler Organisationen wie UN, OECD, IEEE

in der KI-Governance
- Bewältigung von Herausforderungen durch unterschiedliche nationale Ansätze

12. Adaptive Governance:
- Entwicklung flexibler Regulierungsrahmen, die mit der KI-Technologie Schritt halten
- Nutzung von "Regulatory Sandboxes" für innovative KI-Anwendungen
- Kontinuierliche Überprüfung und Anpassung von KI-Governance-Strukturen

Die Regulierung und Governance von KI ist ein komplexes und sich schnell entwickelndes Feld. Es erfordert einen ausgewogenen Ansatz, der Innovation fördert, gleichzeitig aber auch ethische Prinzipien und gesellschaftliche Werte schützt. Die Entwicklung effektiver Governance-Strukturen für KI wird eine der zentralen Herausforderungen der kommenden Jahre sein.

14.6 Zusammenfassung

Das 14. Kapitel hat die wichtigen ethischen und gesellschaftlichen Aspekte der KI-Entwicklung beleuchtet:

1. Datenschutz und Privatsphäre sind zentrale Herausforderungen in einer Welt, in der KI-Systeme immer mehr persönliche Daten verarbeiten und analysieren.

2. Bias und Fairness in KI-Systemen sind kritische Themen, die Fragen der Diskriminierung und Gerechtigkeit aufwerfen und sorgfältige Lösungsansätze erfordern.

3. Die Transparenz und Erklärbarkeit von KI-Entscheidungen ist entscheidend für das Vertrauen in und die Akzeptanz von KI-Systemen in sensiblen Bereichen.

4. Die Auswirkungen von KI auf den Arbeitsmarkt sind tiefgreifend und erfordern proaktive Maßnahmen zur Anpassung und Umschulung der Arbeitskräfte.

5. Die Regulierung und Governance von KI stellt Gesellschaften vor die Herausforderung, innovative Technologien zu fördern und gleichzeitig ethische Standards und gesellschaftliche Werte zu schützen.

Die ethischen und gesellschaftlichen Implikationen der KI-Entwicklung sind von enormer Tragweite. Sie berühren fundamentale Fragen unseres Zusammenlebens, unserer Werte und unserer Zukunft als Gesellschaft. Es ist von entscheidender Bedeutung, dass wir einen breiten gesellschaftlichen Dialog führen, um die Entwicklung und den Einsatz von KI in einer Weise zu gestalten, die dem Gemeinwohl dient.

Dabei müssen wir ein Gleichgewicht finden zwischen den enormen Potenzialen der KI-Technologie zur Verbesserung unseres Lebens und der Notwendigkeit, mögliche negative Auswirkungen zu minimieren. Dies erfordert die Zusammenarbeit von Technologen, Ethikern, Politikern, Wirtschaftsvertretern und der Zivilgesellschaft.

Die Gestaltung einer ethischen und gesellschaftlich verantwortungsvollen KI wird eine der definierenden Aufgaben unserer Zeit sein. Sie bietet die Chance, technologischen Fortschritt mit menschlichen Werten in Einklang zu bringen und eine Zukunft zu schaffen, in der KI zum Wohle aller eingesetzt wird.

15. KI IN WIRTSCHAFT UND INDUSTRIE

15.1 Automatisierung und ihre Folgen für den Arbeitsmarkt

Die Automatisierung durch KI hat tiefgreifende Auswirkungen auf den Arbeitsmarkt:

1. Historische Perspektive:
   - Vergleich mit früheren industriellen Revolutionen
   - Unterschiede in Geschwindigkeit und Umfang der KI-getriebenen Automatisierung

2. Betroffene Sektoren:
   - Produktion und Fertigung
   - Dienstleistungssektor (z.B. Kundenservice, Finanzdienstleistungen)
   - Transport und Logistik
   - Landwirtschaft und Ressourcenmanagement

3. Arten der Automatisierung:
   - Physische Automatisierung (Robotik)
   - Kognitive Automatisierung (Entscheidungsunterstützung, Datenanalyse)
   - Prozessautomatisierung (RPA - Robotic Process Automation)

4. Auswirkungen auf Beschäftigung:
   - Prognosen zu Jobverlusten und -gewinnen
   - Verschiebung von Kompetenzen und Qualifikationsanforderungen
   - Regionale und demografische Unterschiede

5. Wirtschaftliche Folgen:

- Produktivitätssteigerungen und Wirtschaftswachstum
- Veränderungen in der globalen Wettbewerbsfähigkeit
- Auswirkungen auf Lohnstrukturen und Einkommensverteilung

6. Soziale und psychologische Aspekte:
   - Umgang mit technologischer Arbeitslosigkeit
   - Notwendigkeit lebenslangen Lernens
   - Veränderungen in der Arbeitskultur und -identität

7. Strategien zur Anpassung:
   - Umschulungs- und Weiterbildungsprogramme
   - Förderung von STEM-Bildung und digitalen Kompetenzen
   - Entwicklung neuer Beschäftigungsmodelle (z.B. Gig Economy)

8. Politische und rechtliche Rahmenbedingungen:
   - Arbeitsmarktpolitik im Zeitalter der KI
   - Diskussionen um Universelles Grundeinkommen
   - Anpassung von Arbeitsgesetzen und Sozialversicherungssystemen

Die Automatisierung durch KI stellt Gesellschaften vor die Herausforderung, die Vorteile technologischen Fortschritts zu nutzen und gleichzeitig negative soziale Auswirkungen zu minimieren.

15.2 KI-gestützte Geschäftsmodelle und Innovationen

KI hat neue Geschäftsmodelle ermöglicht und bestehende transformiert:

1. Datengetriebene Geschäftsmodelle:
   - Personalisierte Dienstleistungen und Produkte
   - Predictive Maintenance und vorausschauende Wartung
   - Dynamische Preisgestaltung und Yield Management

2. KI-as-a-Service (AIaaS):
   - Cloud-basierte KI-Plattformen
   - API-Ökosysteme für KI-Funktionalitäten
   - Demokratisierung des Zugangs zu KI-Technologien

3. Autonome Systeme:
   - Selbstfahrende Fahrzeuge und Lieferdrohnen
   - Autonome Roboter in Logistik und Fertigung
   - KI-gesteuerte Handelsalgorithmen

4. Conversational AI und Chatbots:
   - Kundenservice und Support
   - Virtuelle Assistenten für Unternehmen
   - KI-gestützte Recruiting-Prozesse

5. KI in der Produktentwicklung:
   - Generatives Design in Ingenieur- und Kreativbranchen
   - KI-unterstützte Arzneimittelentwicklung
   - Automatisierte Content-Erstellung

6. Plattformökonomie und KI:
   - KI-optimierte Matching-Algorithmen
   - Empfehlungssysteme und personalisierte Erfahrungen
   - Netzwerkeffekte durch KI-gestützte Interaktionen

7. Augmented Intelligence:
   - KI als Ergänzung menschlicher Fähigkeiten
   - Entscheidungsunterstützungssysteme
   - Kollaborative Robotik (Cobots)

8. KI in der Finanzbranche:
   - Algorithmic Trading und Risikomanagement
   - KI-basierte Kreditbewertung und Betrugserkennung
   - Robo-Advisors und automatisierte Vermögensverwaltung

9. Herausforderungen und Risiken:
   - Datenschutz und Sicherheitsbedenken
   - Ethische Implikationen KI-gesteuerter Entscheidungen
   - Abhängigkeit von KI-Systemen und Ausfallrisiken

10. Zukunftstrends:
    - Integration von KI und Internet of Things (IoT)
    - Quantencomputing und KI
    - Blockchain und KI für vertrauenswürdige autonome Systeme

KI-gestützte Geschäftsmodelle und Innovationen verändern die Wirtschaftslandschaft grundlegend und erfordern von Unternehmen eine kontinuierliche Anpassung und Neuausrichtung.

15.3 Predictive Analytics und Business Intelligence

Predictive Analytics und Business Intelligence haben durch KI-Technologien einen enormen Aufschwung erfahren:

1. Evolution der Business Intelligence:
   - Von deskriptiver zu prädiktiver und präskriptiver Analytik
   - Integration von Big Data und KI in BI-Systeme
   - Echtzeit-Analytik und Stream Processing

2. Technologien und Methoden:
   - Machine Learning Algorithmen für Vorhersagemodelle
   - Deep Learning für komplexe Mustererkennungen
   - Natural Language Processing für Textanalysen
   - Time Series Analysis für Trendvorhersagen

3. Anwendungsbereiche:
   - Kundenanalyse und Churn-Prävention
   - Bestandsmanagement und Lieferkettenoptimierung
   - Finanzielle Prognosen und Risikobewertung
   - Predictive Maintenance in der Industrie

4. Datenquellen und -integration:
   - Integration interner und externer Datenquellen
   - IoT-Daten und Sensornetze
   - Social Media und Web Analytics
   - Datenqualitätsmanagement und Data Governance

5. Visualisierung und Reporting:
   - Interaktive Dashboards und Self-Service BI
   - Datenvisualisierung für komplexe Zusammenhänge

- Automatisierte Berichterstattung und Alerts

6. Entscheidungsunterstützung:
   - KI-gestützte Empfehlungssysteme für Geschäftsentscheidungen
   - Szenarioanalysen und What-If-Modellierungen
   - Automatisierte Entscheidungsprozesse

7. Herausforderungen:
   - Datenschutz und Compliance
   - Interpretierbarkeit komplexer Modelle
   - Integration in bestehende Geschäftsprozesse
   - Schulung und Akzeptanz bei Mitarbeitern

8. Branchenspezifische Anwendungen:
   - Retail: Personalisierte Marketing-Kampagnen
   - Fertigung: Optimierung von Produktionsprozessen
   - Gesundheitswesen: Patientenrisikobewertung
   - Finanzdienstleistungen: Betrugserkennung und Kreditrisikobewertung

9. Ethische Aspekte:
   - Fairness und Bias in Vorhersagemodellen
   - Transparenz und Erklärbarkeit von KI-gestützten Entscheidungen
   - Verantwortungsvoller Umgang mit sensiblen Daten

10. Zukunftstrends:
    - Augmented Analytics und natürlichsprachliche Abfragen
    - Edge Analytics für dezentrale Datenverarbeitung
    - KI-gestützte Datenaufbereitung und Feature Engineering
    - Integration von Predictive Analytics in Geschäftsanwendungen

Predictive Analytics und Business Intelligence haben sich zu unverzichtbaren Werkzeugen für datengetriebene Unternehmensentscheidungen entwickelt und treiben die digitale Transformation in vielen Branchen voran.

15.4 KI im Finanzsektor und Risikomanagement

KI hat den Finanzsektor grundlegend verändert und neue Möglichkeiten im Risikomanagement eröffnet:

1. Algorithmic Trading:
   - High-Frequency Trading mit KI-Algorithmen
   - Sentiment-Analyse für Marktvorhersagen
   - Automatisierte Portfolio-Optimierung

2. Kreditrisikobewertung:
   - KI-basierte Kreditscoring-Modelle
   - Analyse alternativer Datenquellen für Kreditwürdigkeit
   - Echtzeit-Anpassung von Kreditrisikoprofilen

3. Betrugserkennung und Compliance:
   - Anomalieerkennung in Transaktionen
   - KYC (Know Your Customer) und AML (Anti-Money Laundering) Prozesse
   - Überwachung von Insider-Trading und Marktmanipulation

4. Robo-Advisors und Vermögensverwaltung:
   - Automatisierte Anlageberatung und Portfolio-Management
   - Personalisierte Finanzplanung
   - Integration von KI in traditionelle Vermögensverwaltungsdienste

5. Versicherungswesen:
   - Dynamische Preisgestaltung basierend auf individuellen

Risikoprofilen
- Automatisierte Schadensregulierung
- Prädiktive Modelle für Versicherungsrisiken

6. Marktanalyse und Prognosen:
- KI-gestützte Wirtschaftsindikatoren und Marktvorhersagen
- Analyse von Nachrichten und sozialen Medien für Markttrends
- Szenarioanalysen und Stresstests

7. Prozessautomatisierung:
- Robotic Process Automation (RPA) für Back-Office-Funktionen
- Chatbots und virtuelle Assistenten im Kundenservice
- Automatisierte Berichterstattung und Compliance-Dokumentation

8. Blockchain und KI:
- Smart Contracts und automatisierte Abwicklung
- KI-gestützte Blockchain-Analysen für Risikobewertung
- Dezentrale Finanzanwendungen (DeFi) mit KI-Komponenten

9. Herausforderungen und Risiken:
- Erklärbarkeit und Transparenz von KI-Entscheidungen
- Systemische Risiken durch hochgradig vernetzte KI-Systeme
- Regulatorische Anpassungen an neue Technologien

10. Ethische Betrachtungen:
- Fairness und Nicht-Diskriminierung in KI-basierten Finanzentscheidungen
- Datenschutz und Schutz der Privatsphäre
- Verantwortungsvoller Einsatz von KI in kritischen Finanztransaktionen

11. Zukunftstrends:

- Quantencomputing für komplexe Finanzmodellierung
- Integration von Nachhaltigkeitskriterien in KI-Finanzmodelle
- Erweiterte Realität für Finanzvisualisierung und -beratung

Die Integration von KI im Finanzsektor und Risikomanagement bietet enorme Chancen für Effizienzsteigerungen und verbesserte Entscheidungsfindung, erfordert aber auch sorgfältige Überlegungen zu Risiken und ethischen Implikationen.

15.5 Herausforderungen bei der KI-Integration in Unternehmen

Die Integration von KI in Unternehmen bringt zahlreiche Herausforderungen mit sich:

1. Datenmanagement und -qualität:
   - Datensilos und Integrationsprobleme
   - Sicherstellung der Datenqualität und -konsistenz
   - Datenschutz und Compliance-Anforderungen

2. Technische Infrastruktur:
   - Skalierbarkeit und Leistungsfähigkeit von IT-Systemen
   - Integration von KI in bestehende Legacy-Systeme
   - Cloud vs. On-Premise Lösungen für KI-Implementierungen

3. Fachkräftemangel:
   - Rekrutierung und Bindung von KI-Experten
   - Umschulung und Weiterbildung bestehender Mitarbeiter
   - Aufbau interdisziplinärer Teams

4. Kultureller Wandel:
   - Überwindung von Widerständen gegen Veränderungen
   - Förderung einer datengetriebenen Entscheidungskultur
   - Balancierung von menschlichem Urteil und KI-Empfehlungen

5. Ethik und Verantwortung:
   - Entwicklung ethischer Richtlinien für KI-Einsatz
   - Transparenz und Erklärbarkeit von KI-Entscheidungen
   - Vermeidung von Bias und Diskriminierung

6. Return on Investment (ROI):

- Quantifizierung des Nutzens von KI-Investitionen
  - Langfristige vs. kurzfristige ROI-Betrachtungen
  - Priorisierung von KI-Projekten

7. Governance und Risikomanagement:
  - Entwicklung von KI-Governance-Strukturen
  - Risikobewertung und -minderung bei KI-Implementierungen
  - Compliance mit regulatorischen Anforderungen

8. Skalierung von Pilotprojekten:
  - Übergang von Proof-of-Concept zu produktiven Systemen
  - Standardisierung und Wiederverwendbarkeit von KI-Lösungen
  - Change Management bei der Einführung im gesamten Unternehmen

9. Partnerschaften und Ökosysteme:
  - Auswahl geeigneter KI-Technologiepartner
  - Integration in branchenspezifische KI-Ökosysteme
  - Open Innovation und Kollaboration in KI-Projekten

10. Kontinuierliche Verbesserung und Wartung:
  - Monitoring und Optimierung von KI-Modellen
  - Umgang mit Concept Drift und Modelldegradation
  - Entwicklung von Strategien für kontinuierliches Lernen und Anpassung

11. Messung des ROI von KI-Projekten:
  - Entwicklung von KPIs für KI-Implementierungen
  - Bewertung direkter und indirekter Auswirkungen von KI
  - Langfristige vs. kurzfristige ROI-Betrachtungen

12. Change Management:
  - Überwindung von Widerständen gegen KI-getriebene Veränderungen
  - Schulung und Umschulung von Mitarbeitern
  - Entwicklung neuer Organisationsstrukturen für KI-

Integration

13. Ethische Überlegungen:
   - Implementierung von Ethik-Richtlinien für KI-Nutzung
   - Umgang mit Bias und Fairness in KI-Systemen
   - Balancierung von Effizienz und ethischen Prinzipien

14. Regulatorische Compliance:
   - Anpassung an sich entwickelnde KI-Regulierungen
   - Implementierung von Datenschutz- und Sicherheitsmaßnahmen
   - Entwicklung von Audit-Trails für KI-Entscheidungen

Die erfolgreiche Integration von KI in Unternehmen erfordert einen ganzheitlichen Ansatz, der technische, organisatorische und ethische Aspekte berücksichtigt. Unternehmen müssen flexibel und anpassungsfähig sein, um die Herausforderungen zu meistern und die Chancen der KI-Technologie voll auszuschöpfen.

15.6 Zusammenfassung

Das 15. Kapitel hat die vielfältigen Aspekte von KI in der Wirtschaft und Industrie 4.0 beleuchtet:

1. Die Automatisierung durch KI verändert den Arbeitsmarkt grundlegend, was sowohl Chancen als auch Herausforderungen für Arbeitnehmer und Unternehmen mit sich bringt.

2. KI-gestützte Geschäftsmodelle und Innovationen eröffnen neue Möglichkeiten für Unternehmen, ihre Prozesse zu optimieren und neue Wertschöpfungspotenziale zu erschließen.

3. Predictive Analytics und Business Intelligence haben durch KI einen enormen Aufschwung erfahren und ermöglichen datengetriebene Entscheidungsfindung in einem nie dagewesenen Ausmaß.

4. Im Finanzsektor und Risikomanagement hat KI zu signifikanten Verbesserungen in Bereichen wie Kreditbewertung, Betrugserkennung und algorithmischem Handel geführt.

5. Die Integration von KI in Unternehmen bringt zahlreiche Herausforderungen mit sich, von technischen und organisatorischen Aspekten bis hin zu ethischen und regulatorischen Fragen.

Die Rolle von KI in der Wirtschaft und Industrie 4.0 ist transformativ und wird in den kommenden Jahren weiter an Bedeutung gewinnen. Unternehmen, die es schaffen,

KI erfolgreich zu integrieren und die damit verbundenen Herausforderungen zu meistern, werden in der sich schnell entwickelnden digitalen Wirtschaft einen entscheidenden Wettbewerbsvorteil haben.

Gleichzeitig müssen Gesellschaft und Politik Wege finden, um die potenziellen negativen Auswirkungen dieser Transformation abzumildern und sicherzustellen, dass die Vorteile der KI-Revolution breit verteilt werden. Dies erfordert einen kontinuierlichen Dialog zwischen Wirtschaft, Wissenschaft, Politik und Zivilgesellschaft, um einen ausgewogenen und verantwortungsvollen Einsatz von KI in der Wirtschaft zu gewährleisten.

16. KÜNSTLICHE ALLGEMEINE INTELLIGENZ (AGI)

16.1 Konzepte und Theorien der AGI

Künstliche Allgemeine Intelligenz (AGI) stellt das Ziel dar, KI-Systeme zu schaffen, die menschenähnliche kognitive Fähigkeiten besitzen:

1. Definition von AGI:
   - Fähigkeit, jede intellektuelle Aufgabe zu bewältigen, die ein Mensch kann
   - Flexibilität und Anpassungsfähigkeit an neue, unbekannte Situationen
   - Generalisierung von Wissen über verschiedene Domänen hinweg

2. Historische Entwicklung des AGI-Konzepts:
   - Frühe Visionen von "denkenden Maschinen"
   - Entwicklung von der klassischen KI zur modernen AGI-Forschung
   - Einfluss der Kognitionswissenschaften und Neurowissenschaften

3. Theoretische Ansätze:
   - Symbolische AGI: Logikbasierte Systeme und Wissensrepräsentation
   - Konnektionistische AGI: Neuronale Netze und Deep Learning
   - Hybride Ansätze: Integration symbolischer und subsymbolischer Methoden
   - Probabilistische AGI: Bayessche Modelle und kausales Reasoning

4. Kognitive Architekturen:

- ACT-R (Adaptive Control of Thought-Rational)
- SOAR (State, Operator and Result)
- OpenCog
- Vergleich mit menschlichen kognitiven Prozessen

5. Schlüsselkomponenten der AGI:
   - Lernen und Adaption
   - Reasoning und Problemlösung
   - Natürliche Sprachverarbeitung und -verständnis
   - Wahrnehmung und Sensomotorik
   - Metakognition und Selbstreflexion

6. Philosophische Aspekte:
   - Bewusstsein und AGI
   - Frage nach der Möglichkeit echter künstlicher Intelligenz
   - Ethische Implikationen von menschenähnlicher KI

7. Herausforderungen in der AGI-Entwicklung:
   - Skalierbarkeit und Generalisierungsfähigkeit
   - Integration verschiedener kognitiver Funktionen
   - Entwicklung von Common Sense Reasoning

8. Benchmarks und Evaluierung:
   - Turing-Test und seine Limitationen
   - Cognitive Decathlon und multidimensionale Tests
   - Herausforderungen bei der Messung allgemeiner Intelligenz

Die Konzepte und Theorien der AGI bilden die Grundlage für die Entwicklung von KI-Systemen, die über spezialisierte Anwendungen hinausgehen und menschenähnliche kognitive Fähigkeiten anstreben.

16.2 Unterschiede zwischen schwacher und starker KI

Die Unterscheidung zwischen schwacher (auch: enger) und starker KI ist fundamental für das Verständnis der AGI:

1. Schwache KI (Narrow AI):
   - Fokussiert auf spezifische, eng definierte Aufgaben
   - Optimiert für bestimmte Domänen oder Anwendungen
   - Beispiele: Sprachassistenten, Schachcomputer, Bilderkennungssysteme

2. Starke KI (AGI):
   - Zielt auf allgemeine, menschenähnliche Intelligenz ab
   - Fähig, verschiedene Aufgaben ohne spezifisches Training zu bewältigen
   - Flexibel und anpassungsfähig an neue Situationen

3. Kognitive Fähigkeiten:
   - Schwache KI: Begrenzt auf trainierte Fähigkeiten
   - Starke KI: Umfassende kognitive Fähigkeiten, einschließlich Abstraktion und Kreativität

4. Lernfähigkeit:
   - Schwache KI: Lernt innerhalb vorgegebener Parameter und Daten
   - Starke KI: Kontinuierliches, domänenübergreifendes Lernen

5. Problemlösung:
   - Schwache KI: Effektiv in definierten Problemräumen
   - Starke KI: Fähig zur Problemlösung in unbekannten

Kontexten

6. Bewusstsein und Selbstreflexion:
 - Schwache KI: Kein echtes Bewusstsein oder Selbstverständnis
 - Starke KI: Potenzielle Fähigkeit zu Selbstbewusstsein und Metakognition

7. Ethische und philosophische Implikationen:
 - Schwache KI: Begrenzte ethische Bedenken, fokussiert auf Anwendungsbereiche
 - Starke KI: Tiefgreifende philosophische und ethische Fragen zur Natur der Intelligenz und des Bewusstseins

8. Aktuelle Realität vs. Zukunftsvision:
 - Schwache KI: Bereits weit verbreitet und in vielen Bereichen eingesetzt
 - Starke KI: Noch hypothetisch, Gegenstand intensiver Forschung und Debatte

9. Entwicklungsherausforderungen:
 - Schwache KI: Verbesserung der Leistung in spezifischen Bereichen
 - Starke KI: Überwindung fundamentaler Hindernisse in Richtung allgemeiner Intelligenz

Die Unterscheidung zwischen schwacher und starker KI ist nicht nur von akademischem Interesse, sondern hat auch praktische Implikationen für die Entwicklung, Anwendung und Regulierung von KI-Technologien.

16.3 Kognitive Architekturen und Bewusstseinsmodelle

Kognitive Architekturen und Bewusstseinsmodelle sind zentrale Konzepte in der AGI-Forschung:

1. Kognitive Architekturen:
   - Definition: Rahmenwerke zur Modellierung menschenähnlicher Kognition
   - Ziel: Integration verschiedener kognitiver Prozesse in ein kohärentes System

2. Wichtige kognitive Architekturen:
   - ACT-R (Adaptive Control of Thought-Rational)
   - SOAR (State, Operator and Result)
   - CLARION (Connectionist Learning with Adaptive Rule Induction ON-line)
   - LIDA (Learning Intelligent Distribution Agent)

3. Komponenten kognitiver Architekturen:
   - Wahrnehmung und Aufmerksamkeit
   - Gedächtnis (Arbeitsgedächtnis, Langzeitgedächtnis)
   - Problemlösung und Entscheidungsfindung
   - Lernen und Adaption
   - Metakognition

4. Bewusstseinsmodelle:
   - Global Workspace Theory (Baars)
   - Integrated Information Theory (Tononi)
   - Higher-Order Thought Theory (Rosenthal)
   - Neurobiologische Theorien des Bewusstseins (Damasio, Edelman)

5. Herausforderungen bei der Modellierung von Bewusstsein:
   - Qualia und subjektive Erfahrung
   - Intentionalität und Zielgerichtetheit
   - Selbstbewusstsein und Ich-Gefühl
   - Freier Wille und Entscheidungsfreiheit

6. Ansätze zur Integration von Bewusstsein in AGI:
   - Simulation bewusster Prozesse
   - Emergenz von Bewusstsein aus komplexen Systemen
   - Funktionale Äquivalenz vs. phänomenales Bewusstsein

7. Ethische und philosophische Implikationen:
   - Moralischer Status bewusster KI-Systeme
   - Verantwortlichkeit und Rechte von AGI mit Bewusstsein
   - Auswirkungen auf unser Verständnis menschlichen Bewusstseins

8. Experimentelle Ansätze:
   - Entwicklung von Testverfahren für maschinelles Bewusstsein
   - Vergleichende Studien zwischen menschlicher und künstlicher Kognition
   - Neurowissenschaftliche Inspirationen für AGI-Architekturen

9. Zukünftige Forschungsrichtungen:
   - Integration von Emotionen und sozialer Kognition in AGI
   - Entwicklung skalierbarer und generalisierbarer kognitiver Architekturen
   - Untersuchung des Zusammenhangs zwischen Bewusstsein und Intelligenz

Kognitive Architekturen und Bewusstseinsmodelle bilden eine Brücke zwischen menschlicher Kognition und künstlicher Intelligenz und sind entscheidend für die Entwicklung von AGI-Systemen, die dem menschlichen Denken und Erleben näherkommen.

16.4 Herausforderungen in der AGI-Entwicklung

Die Entwicklung von AGI steht vor einer Reihe komplexer Herausforderungen:

1. Skalierbarkeit:
   - Überwindung der Grenzen aktueller Deep Learning Modelle
   - Entwicklung von Architekturen, die effizient mit großen Wissensmengen umgehen können
   - Balancierung von Spezialisierung und Generalisierung

2. Transferlernen und Generalisierung:
   - Übertragung von Wissen zwischen verschiedenen Domänen
   - Entwicklung von Systemen, die aus wenigen Beispielen lernen können
   - Anpassungsfähigkeit an neue, unbekannte Situationen

3. Common Sense Reasoning:
   - Integration von Alltagswissen und intuitiven Verständnisses
   - Entwicklung von Modellen für kausales Reasoning
   - Umgang mit Ambiguität und Unsicherheit in realen Szenarien

4. Langzeitlernen und Gedächtnis:
   - Entwicklung von Systemen mit stabilem Langzeitgedächtnis
   - Vermeidung von katastrophalem Vergessen bei kontinuierlichem Lernen

- Integration von episodischem und semantischem Gedächtnis

5. Multitasking und kognitive Kontrolle:
  - Fähigkeit zur parallelen Verarbeitung verschiedener Aufgaben
  - Entwicklung von Aufmerksamkeits- und Priorisierungsmechanismen
  - Flexibler Wechsel zwischen verschiedenen kognitiven Prozessen

6. Emotionale und soziale Intelligenz:
  - Integration von Emotionen in kognitive Prozesse
  - Entwicklung von Empathie und Theory of Mind
  - Verständnis und Generierung sozialer Interaktionen

7. Selbstbewusstsein und Metakognition:
  - Entwicklung von Systemen mit Selbstreflexionsfähigkeit
  - Integration von Selbstmodellen und Körperbewusstsein
  - Fähigkeit zur Selbstoptimierung und -verbesserung

8. Ethische Entscheidungsfindung:
  - Implementierung ethischer Prinzipien in AGI-Systeme
  - Umgang mit moralischen Dilemmata und Wertkonflikten
  - Entwicklung von AGI mit stabilen und konsistenten Wertesystemen

9. Erklärbarkeit und Transparenz:
  - Entwicklung interpretierbarer AGI-Modelle
  - Schaffung von Mechanismen zur Erklärung von Entscheidungsprozessen
  - Balancierung von Komplexität und Verständlichkeit

10. Sicherheit und Kontrollierbarkeit:
  - Entwicklung von Sicherheitsmechanismen für AGI-Systeme
  - Gewährleistung der Alignierung mit menschlichen Werten und Zielen

- Verhinderung unbeabsichtigter negativer Konsequenzen

11. Hardware und Rechenleistung:
   - Entwicklung spezialisierter Hardware für AGI-Architekturen
   - Überwindung von Energieeffizienz-Herausforderungen
   - Skalierung von Rechenressourcen für komplexe AGI-Modelle

Die Bewältigung dieser Herausforderungen erfordert interdisziplinäre Zusammenarbeit und innovative Ansätze, die über die Grenzen aktueller KI-Technologien hinausgehen.

16.5 Ethische Bedenken und potenzielle Risiken

Die Entwicklung von AGI wirft bedeutende ethische Fragen auf und birgt potenzielle Risiken:

1. Existenzielle Risiken:
   - Möglichkeit einer unkontrollierten Superintelligenz
   - Szenarien einer "Intelligence Explosion"
   - Langfristige Auswirkungen auf die menschliche Zivilisation

2. Kontrolle und Alignment:
   - Sicherstellung, dass AGI-Systeme mit menschlichen Werten übereinstimmen
   - Herausforderungen bei der Definition und Implementierung ethischer Prinzipien
   - Risiko der Fehlinterpretation menschlicher Anweisungen

3. Autonomie und Entscheidungsgewalt:
   - Ethische Implikationen autonomer AGI-Entscheidungen
   - Verantwortlichkeit und Haftung für AGI-Handlungen
   - Grenzen der AGI-Autonomie in kritischen Bereichen

4. Datenschutz und Privatsphäre:
   - Potenzial für umfassende Überwachung und Datensammlung
   - Risiken für individuelle Freiheit und Autonomie
   - Schutz persönlicher Informationen vor AGI-Systemen

5. Bias und Fairness:
   - Verstärkung bestehender gesellschaftlicher Vorurteile

durch AGI
- Herausforderungen bei der Gewährleistung fairer Entscheidungsprozesse
- Risiko der Diskriminierung durch AGI-Systeme

6. Arbeitsmarkt und wirtschaftliche Auswirkungen:
- Potenzieller Verlust von Arbeitsplätzen durch AGI
- Verschiebung von Kompetenzen und Berufsbildern
- Wirtschaftliche Ungleichheit durch AGI-getriebene Produktivitätssteigerungen

7. Militärische und sicherheitspolitische Aspekte:
- Einsatz von AGI in Waffensystemen und Kriegsführung
- Risiken eines KI-Wettrüstens zwischen Nationen
- Potenzial für AGI-gesteuerte Cyberangriffe

8. Psychologische und soziale Auswirkungen:
- Veränderung menschlicher Beziehungen durch AGI-Interaktionen
- Potenzielle Auswirkungen auf menschliches Selbstwertgefühl und Identität
- Gesellschaftliche Anpassung an eine Welt mit menschenähnlicher KI

9. Kontrolle und Alignment:
- Herausforderungen bei der Sicherstellung, dass AGI-Systeme menschliche Werte respektieren
- Entwicklung robuster Methoden zur Wertausrichtung (Value Alignment)
- Risiken unkontrollierter oder falsch ausgerichteter AGI-Systeme

10. Governance und Regulierung:
- Notwendigkeit internationaler Zusammenarbeit bei AGI-Entwicklung und -Kontrolle
- Entwicklung von Rahmenwerken für die verantwortungsvolle Entwicklung von AGI
- Herausforderungen bei der Regulierung einer sich schnell

entwickelnden Technologie

11. Existenzielle Risiken:
   - Szenarien einer unkontrollierten "Intelligence Explosion"
   - Mögliche langfristige Auswirkungen auf die menschliche Zivilisation
   - Strategien zur Risikominimierung und Sicherung der menschlichen Zukunft

12. Philosophische Implikationen:
   - Fragen nach dem Wesen von Bewusstsein und Intelligenz
   - Auswirkungen auf unser Verständnis von Menschsein und Kognition
   - Ethische Überlegungen zur Schaffung potenziell bewusster Entitäten

Die ethischen Bedenken und potenziellen Risiken im Zusammenhang mit AGI erfordern eine sorgfältige und vorausschauende Herangehensweise. Es ist entscheidend, dass Forscher, Ethiker, Politiker und die Öffentlichkeit in einen kontinuierlichen Dialog treten, um verantwortungsvolle Entwicklungspfade für AGI zu gestalten.

16.6 Zusammenfassung des Kapitels

Das 16. Kapitel hat sich mit dem komplexen und zukunftsweisenden Thema der Künstlichen Allgemeinen Intelligenz (AGI) befasst:

1. Die Konzepte und Theorien der AGI zeigen das Streben nach KI-Systemen, die menschenähnliche kognitive Fähigkeiten besitzen und flexibel auf verschiedene Aufgaben anwendbar sind.

2. Der Unterschied zwischen schwacher und starker KI verdeutlicht die enormen Herausforderungen, die mit der Entwicklung von AGI verbunden sind.

3. Kognitive Architekturen und Bewusstseinsmodelle bilden wichtige Forschungsfelder auf dem Weg zur AGI, wobei noch viele Fragen bezüglich der Natur des Bewusstseins und der Kognition offen sind.

4. Die Entwicklung von AGI stellt Forscher vor eine Reihe komplexer technischer, konzeptioneller und philosophischer Herausforderungen.

5. Ethische Bedenken und potenzielle Risiken im Zusammenhang mit AGI reichen von kurzfristigen Auswirkungen auf den Arbeitsmarkt bis hin zu langfristigen existenziellen Risiken für die Menschheit.

Die Forschung an AGI befindet sich an der Schnittstelle von Wissenschaft, Technologie, Philosophie und Ethik. Sie verspricht enorme Potenziale für den wissenschaftlichen und technologischen Fortschritt, birgt aber auch erhebliche

Risiken und ethische Herausforderungen.

Die Entwicklung von AGI könnte einen Wendepunkt in der menschlichen Geschichte darstellen, vergleichbar mit der industriellen oder digitalen Revolution. Es ist daher von entscheidender Bedeutung, dass diese Entwicklung mit Bedacht, Verantwortung und unter Berücksichtigung langfristiger Konsequenzen vorangetrieben wird.

Internationale Zusammenarbeit, interdisziplinäre Forschung und ein breiter gesellschaftlicher Diskurs werden notwendig sein, um die Chancen von AGI zu nutzen und gleichzeitig die damit verbundenen Risiken zu minimieren. Die Gestaltung einer Zukunft, in der AGI zum Wohle der Menschheit beiträgt, bleibt eine der größten Herausforderungen und Chancen unserer Zeit.

17. KI IN DER WISSENSCHAFT UND FORSCHUNG

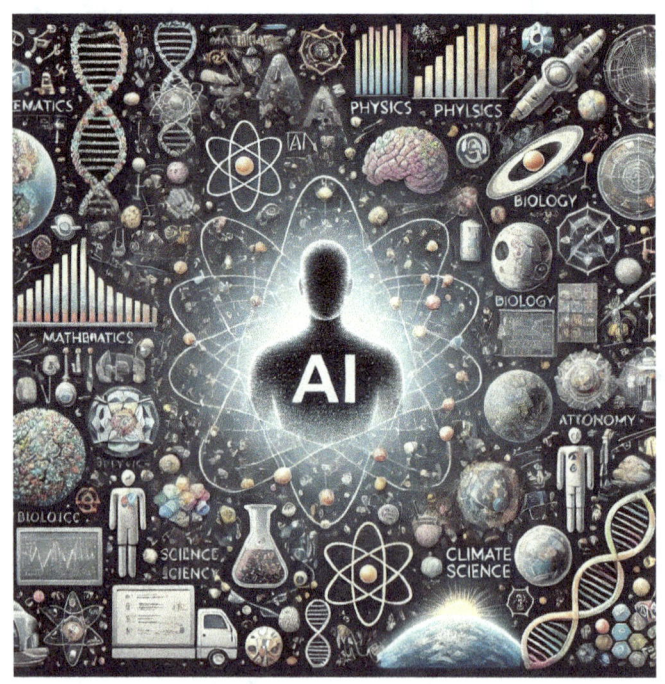

17.1 Beiträge zur Grundlagenforschung

KI hat signifikante Beiträge zur Grundlagenforschung in verschiedenen wissenschaftlichen Disziplinen geleistet:

1. Mathematik:
   - Automatische Theorembeweise (z.B. Vier-Farben-Theorem)
   - Entdeckung neuer mathematischer Muster und Beziehungen
   - Optimierung komplexer mathematischer Probleme

2. Physik:
   - Modellierung und Simulation physikalischer Systeme
   - Analyse von Teilchenphysik-Daten (z.B. am CERN)
   - Vorhersage von Materialeigenschaften

3. Chemie:
   - Molekulare Modellierung und Simulation
   - Vorhersage chemischer Reaktionen und Eigenschaften
   - Optimierung von Syntheseprozessen

4. Biologie:
   - Genomsequenzierung und -analyse
   - Proteinfaltungsvorhersage
   - Modellierung biologischer Systeme und Netzwerke

5. Neurowissenschaften:
   - Modellierung neuronaler Netzwerke
   - Analyse von Gehirnaktivitätsdaten
   - Entwicklung von Brain-Computer-Interfaces

6. Informatik:
   - Algorithmenentwicklung und -optimierung
   - Quantencomputing-Simulationen
   - Entwicklung neuer Programmierparadigmen

7. Klimaforschung:
   - Klimamodellierung und -vorhersage
   - Analyse von Klimadaten und Mustererkennung
   - Optimierung von Klimaschutzstrategien

8. Astrophysik:
   - Analyse astronomischer Daten
   - Entdeckung neuer Himmelskörper
   - Modellierung kosmologischer Prozesse

Die Anwendung von KI in der Grundlagenforschung hat nicht nur die Effizienz und Genauigkeit wissenschaftlicher Untersuchungen verbessert, sondern auch neue Forschungsansätze und -möglichkeiten eröffnet.

17.2 KI in der Medizin und Arzneimittelentwicklung

KI hat die medizinische Forschung und Arzneimittelentwicklung revolutioniert:

1. Medizinische Bildgebung:
   - Automatische Erkennung von Anomalien in Röntgen-, MRT- und CT-Bildern
   - 3D-Rekonstruktion und Visualisierung medizinischer Bilder
   - Unterstützung bei der Diagnosestellung

2. Arzneimittelentwicklung:
   - Identifizierung neuer Wirkstoffkandidaten
   - Vorhersage von Arzneimittelwechselwirkungen
   - Optimierung von klinischen Studiendesigns

3. Personalisierte Medizin:
   - Analyse genetischer Daten für maßgeschneiderte Behandlungen
   - Vorhersage individueller Krankheitsrisiken
   - Optimierung von Behandlungsplänen basierend auf Patientendaten

4. Krankheitsdiagnose und -prognose:
   - Früherkennungssysteme für verschiedene Krankheiten
   - Vorhersage von Krankheitsverläufen
   - Integration verschiedener Datenpunkte für ganzheitliche Diagnosen

5. Robotik in der Chirurgie:

- KI-gestützte Operationsplanung und -durchführung
- Präzisionssteuerung chirurgischer Roboter
- Schulung von Chirurgen durch KI-basierte Simulationen

6. Epidemiologie und öffentliche Gesundheit:
    - Vorhersage und Modellierung von Krankheitsausbrüchen
    - Analyse von Gesundheitsdaten auf Bevölkerungsebene
    - Optimierung von Impfstrategien

7. Elektronische Gesundheitsakten:
    - Intelligente Analyse und Verarbeitung von Patientendaten
    - Unterstützung bei der klinischen Entscheidungsfindung
    - Identifizierung von Behandlungsmustern und -trends

8. Telemedizin und Fernüberwachung:
    - KI-gestützte Patientenbetreuung aus der Ferne
    - Intelligente Wearables zur Gesundheitsüberwachung
    - Automatisierte Triage und Patientenberatung

Die Integration von KI in Medizin und Arzneimittelentwicklung hat das Potenzial, die Gesundheitsversorgung effizienter, präziser und zugänglicher zu machen.

17.3 KI in der Klimaforschung und Umweltwissenschaften

KI spielt eine zunehmend wichtige Rolle in der Klimaforschung und den Umweltwissenschaften:

1. Klimamodellierung:
   - Verbesserung der Genauigkeit von Klimamodellen
   - Beschleunigung von Klimasimulationen
   - Integration verschiedener Datenquellen für ganzheitliche Modelle

2. Wettervorhersage:
   - Kurzfristige und langfristige Wetterprognosen
   - Vorhersage extremer Wetterereignisse
   - Verbesserung der räumlichen und zeitlichen Auflösung von Vorhersagen

3. Umweltüberwachung:
   - Analyse von Satellitenbildern zur Beobachtung von Umweltveränderungen
   - Erkennung von Waldbränden, Abholzung und Umweltverschmutzung
   - Überwachung der Biodiversität und Ökosysteme

4. Erneuerbare Energien:
   - Optimierung der Platzierung von Wind- und Solaranlagen
   - Vorhersage der Energieproduktion aus erneuerbaren Quellen
   - Intelligentes Energiemanagement und Netzstabilisierung

5. Ressourcenmanagement:

- Optimierung der Wassernutzung in der Landwirtschaft
- Vorhersage und Management von Wasserressourcen
- Intelligente Abfallwirtschaft und Recycling

6. Ozeanographie:
   - Modellierung von Meeresströmungen und Wassertemperaturen
   - Vorhersage von Algenblüten und Fischpopulationen
   - Untersuchung der Auswirkungen des Klimawandels auf marine Ökosysteme

7. Luftqualität und Verschmutzung:
   - Vorhersage und Kartierung der Luftqualität in Städten
   - Identifizierung von Verschmutzungsquellen
   - Entwicklung von Strategien zur Emissionsreduzierung

8. Biodiversitätsforschung:
   - Automatische Artenerkennung und -zählung
   - Modellierung von Ökosystemen und Nahrungsnetzen
   - Vorhersage von Artenwanderungen aufgrund des Klimawandels

9. Katastrophenmanagement:
   - Frühwarnsysteme für Naturkatastrophen
   - Optimierung von Evakuierungsstrategien
   - Bewertung und Minderung von Umweltrisiken

Die Anwendung von KI in der Klimaforschung und den Umweltwissenschaften trägt dazu bei, komplexe ökologische Zusammenhänge besser zu verstehen und fundierte Entscheidungen zum Schutz unserer Umwelt zu treffen.

17.4 KI-unterstützte Entdeckungen in der Astronomie und Physik

KI hat in der Astronomie und Physik zu bedeutenden Fortschritten und Entdeckungen beigetragen:

1. Entdeckung von Exoplaneten:
   - Analyse von Transitsignalen zur Identifizierung neuer Planeten
   - Charakterisierung von Exoplaneten-Atmosphären
   - Suche nach potenziell bewohnbaren Welten

2. Gravitationswellendetektion:
   - Verbesserung der Signalverarbeitung in LIGO-Daten
   - Identifizierung und Klassifizierung von Gravitationswellenereignissen
   - Modellierung von Quellen gravitativer Strahlung

3. Galaxienklassifikation und -evolution:
   - Automatische Klassifizierung von Millionen von Galaxien
   - Untersuchung der Galaxienentwicklung über kosmische Zeitskalen
   - Erkennung seltener astronomischer Phänomene

4. Dunkle Materie und Dunkle Energie:
   - Analyse von kosmologischen Simulationen
   - Kartierung der Verteilung dunkler Materie
   - Untersuchung der Natur dunkler Energie

5. Teilchenphysik:
   - Analyse von Daten aus Teilchenbeschleunigern (z.B. LHC)
   - Suche nach neuen Elementarteilchen

- Optimierung von Detektordesigns

6. Sternentwicklung und Supernovae:
  - Vorhersage von Sternlebenszyklen
  - Erkennung und Klassifizierung von Supernovae
  - Untersuchung der chemischen Zusammensetzung von Sternen

7. Kosmische Strahlung:
  - Identifizierung von Quellen hochenergetischer kosmischer Strahlung
  - Analyse der Zusammensetzung kosmischer Strahlung
  - Untersuchung der Auswirkungen auf die Erdatmosphäre

8. Radioastronomie:
  - Entdeckung und Klassifizierung von Pulsaren
  - Analyse von Fast Radio Bursts (FRBs)
  - Kartierung der Wasserstoffverteilung in der Milchstraße

9. Planetenforschung:
  - Analyse von Daten von Rover und Orbiter
  - Kartierung und Klassifizierung von Planetenoberflächen
  - Suche nach Anzeichen früheren oder gegenwärtigen Lebens

10. Theoretische Physik:
    - Unterstützung bei der Entwicklung neuer physikalischer Theorien
    - Lösung komplexer mathematischer Gleichungen
    - Simulation von Quantensystemen

KI hat die Art und Weise, wie astronomische und physikalische Forschung betrieben wird, grundlegend verändert, indem sie die Verarbeitung enormer Datenmengen ermöglicht und neue Einblicke in die fundamentalen Gesetze des Universums liefert.

17.5 Interdisziplinäre Ansätze und Kollaborationen

KI fördert interdisziplinäre Ansätze und Kollaborationen in der Wissenschaft:

1. Bioinformatik und Computational Biology:
   - Integration von Biologie, Informatik und Statistik
   - Analyse großer genomischer und proteomischer Datensätze
   - Modellierung biologischer Systeme auf verschiedenen Ebenen

2. Neurowissenschaften und KI:
   - Wechselseitige Inspiration zwischen Gehirnforschung und KI-Entwicklung
   - Entwicklung neuromorphischer Computersysteme
   - Verbesserung von Brain-Computer-Interfaces

3. Physik und Maschinelles Lernen:
   - Anwendung von ML-Techniken in der Quantenphysik
   - Entwicklung von Quantenalgorithmen für ML
   - Verbesserung physikalischer Simulationen durch KI

4. Chemie und KI:
   - Vorhersage chemischer Reaktionen und Eigenschaften
   - Design neuer Materialien und Moleküle
   - Optimierung von Syntheseprozessen

5. Ökologie und Data Science:
   - Analyse komplexer Ökosystemdaten
   - Modellierung von Artinteraktionen und

Populationsdynamiken
- Integration von Fernerkundungsdaten in ökologische Studien

6. Medizin und Ingenieurwissenschaften:
- Entwicklung intelligenter medizinischer Geräte und Implantate
- KI-gestützte Bildgebung und Diagnostik
- Personalisierte Medizintechnik

7. Sozialwissenschaften und KI:
- Analyse sozialer Netzwerke und Verhaltensmodellierung
- KI-unterstützte Politikanalyse und -prognose
- Untersuchung der Auswirkungen von KI auf die Gesellschaft

8. Klimaforschung und High-Performance Computing:
- Entwicklung hochauflösender Klimamodelle
- Integration verschiedener Datenquellen für ganzheitliche Klimaanalysen
- Optimierung von Rechenressourcen für Klimasimulationen

9. Archäologie und Computer Vision:
- Analyse von Satellitenbildern zur Entdeckung archäologischer Stätten
- 3D-Rekonstruktion historischer Artefakte und Stätten
- Entzifferung alter Schriften mithilfe von ML-Techniken

10. Linguistik und Natural Language Processing:
- Entwicklung verbesserter Sprachmodelle
- Untersuchung der Evolution von Sprachen
- Automatische Übersetzung und Erhaltung bedrohter Sprachen

Diese interdisziplinären Kollaborationen ermöglichen es, komplexe Probleme aus verschiedenen Perspektiven anzugehen und innovative Lösungen zu entwickeln, die die

Grenzen einzelner Disziplinen überschreiten.

17.6 Zusammenfassung

Kapitel 17 befasst sich mit dem Einfluss und den Anwendungen von KI in verschiedenen wissenschaftlichen Disziplinen und Forschungsbereichen. Hier die Kernpunkte:

1. Beiträge zur Grundlagenforschung: Das Kapitel beginnt mit einer Übersicht, wie KI die Grundlagenforschung in verschiedenen Feldern wie Mathematik, Physik und Biologie revolutioniert. Es werden Beispiele wie automatische Theorembeweise, Modellierung komplexer Systeme und die Analyse großer Datensätze diskutiert.

2. KI in der Medizin und Arzneimittelentwicklung: Ein zentraler Abschnitt widmet sich den Anwendungen von KI in der medizinischen Forschung und Arzneimittelentwicklung. Themen wie KI-gestützte Diagnose, personalisierte Medizin und die Beschleunigung der Medikamentenentwicklung werden behandelt.

3. KI in der Klimaforschung und Umweltwissenschaften: Das Kapitel untersucht den Einsatz von KI-Technologien in der Klimamodellierung, Umweltüberwachung und bei der Entwicklung nachhaltiger Lösungen. Die Rolle von KI bei der Bewältigung globaler Umweltherausforderungen wird hervorgehoben.

4. KI-unterstützte Entdeckungen in der Astronomie und Physik: Ein wichtiger Abschnitt befasst sich mit dem Einsatz von KI in der Astronomie und Physik, einschließlich der Analyse von Weltraumteleskop-Daten, der Entdeckung von Exoplaneten und der Untersuchung fundamentaler

physikalischer Phänomene.

5. Interdisziplinäre Ansätze und Kollaborationen: Das Kapitel zeigt, wie KI interdisziplinäre Forschung fördert und neue Formen der Zusammenarbeit ermöglicht. Es werden Beispiele für die Integration von KI in verschiedene wissenschaftliche Disziplinen und die daraus resultierenden Synergien vorgestellt.

Das Kapitel verdeutlicht, wie KI zu einem unverzichtbaren Werkzeug in der modernen wissenschaftlichen Forschung geworden ist. Es wird gezeigt, wie KI-Technologien nicht nur die Effizienz und Genauigkeit wissenschaftlicher Untersuchungen verbessern, sondern auch neue Forschungsansätze und -möglichkeiten eröffnen.

Die transformative Kraft von KI in der Wissenschaft wird hervorgehoben, ebenso wie die Herausforderungen und ethischen Überlegungen, die mit dem zunehmenden Einsatz von KI in der Forschung einhergehen. Das Kapitel bereitet den Leser auf die Diskussion zukünftiger Entwicklungen vor, einschließlich der potenziellen Auswirkungen von KI auf die wissenschaftliche Methodik und das Verständnis komplexer Systeme.

18. INTERNATIONALE KI-STRATEGIEN UND DER GLOBALE WETTBEWERB

18.1 KI-Initiativen verschiedener Länder

Viele Länder haben nationale KI-Strategien entwickelt, um ihre Position im globalen KI-Wettbewerb zu stärken:

1. Vereinigte Staaten:
    - Fokus auf Forschung, Entwicklung und Kommerzialisierung
    - Starke Beteiligung des privaten Sektors (Silicon Valley)
    - Nationale KI-Initiative und KI-Forschungsinstitute

2. China:
    - Ehrgeiziger Plan, bis 2030 weltweit führend in KI zu sein
    - Massive staatliche Investitionen und Förderung
    - Integration von KI in nationale Entwicklungspläne

3. Europäische Union:
    - Betonung ethischer und vertrauenswürdiger KI
    - EU-weite Koordination durch den "Coordinated Plan on AI"
    - Fokus auf industrielle Anwendungen und KMUs

4. Großbritannien:
    - Starker Fokus auf KI-Forschung und Talententwicklung
    - Etablierung des Alan Turing Institute
    - KI-Sektor-Deal zur Förderung von Innovationen

5. Japan:
    - "Society 5.0" Vision mit KI als Kernkomponente
    - Förderung von KI-Anwendungen in Altenpflege und Robotik
    - Starker Fokus auf industrielle Automatisierung

6. Südkorea:
   - Nationale KI-Strategie mit Schwerpunkt auf Halbleitern und 5G
   - Investitionen in KI-Bildung und Talententwicklung
   - Förderung von KI-Startups und Innovationszentren

7. Kanada:
   - Frühe Investitionen in KI-Forschung (insbesondere Deep Learning)
   - Pan-Canadian AI Strategy zur Talentförderung
   - Fokus auf ethische KI und verantwortungsvolle Entwicklung

8. Indien:
   - "AI for All" Strategie zur breitflächigen KI-Anwendung
   - Fokus auf KI in Bildung, Landwirtschaft und Gesundheitswesen
   - Aufbau von KI-Exzellenzzentren und Dateninfrastruktur

9. Israel:
   - Starker Fokus auf KI-Startups und Innovationen
   - Integration von KI in Verteidigung und Cybersicherheit
   - Förderung von KI-Anwendungen in der Medizintechnik

Diese nationalen Initiativen spiegeln die wachsende Bedeutung von KI als strategische Technologie wider und zeigen unterschiedliche Ansätze und Prioritäten in der globalen KI-Entwicklung.

18.2 Geopolitische Implikationen der KI-Entwicklung

Die Entwicklung und Verbreitung von KI hat weitreichende geopolitische Auswirkungen:

1. Technologische Vorherrschaft:
   - Wettbewerb um KI-Führerschaft zwischen USA und China
   - Auswirkungen auf globale Machtdynamiken und Einflusssphären
   - Bedeutung von KI für nationale Sicherheit und Verteidigung

2. Wirtschaftliche Auswirkungen:
   - Potenzielle Verschiebungen in globalen Wirtschaftsstrukturen
   - KI als Treiber für Produktivität und Wirtschaftswachstum
   - Risiko zunehmender wirtschaftlicher Ungleichheit zwischen Nationen

3. Datenkontrolle und -souveränität:
   - Debatte über Datenlokalisierung vs. freien Datenfluss
   - Kontrolle über große Datensätze als strategischer Vorteil
   - Datenschutzgesetze als potenzielles Handelshemmnis

4. KI-Ethik und Werte:
   - Unterschiedliche kulturelle Ansätze zur KI-Entwicklung und -Nutzung
   - Debatte über Privatsphäre, Überwachung und individuelle Freiheiten
   - Bemühungen um globale Standards für ethische KI

5. Militärische Anwendungen:
   - Entwicklung von KI-gestützten Waffensystemen
   - Potenzial für KI-getriebene Konflikte und Cyberkriegsführung
   - Internationale Bemühungen zur Regulierung autonomer Waffensysteme

6. Bildung und Talententwicklung:
   - Globaler Wettbewerb um KI-Talente
   - Brain Drain und Brain Gain zwischen Nationen
   - Notwendigkeit der Anpassung von Bildungssystemen

7. Technologietransfer und -kontrolle:
   - Exportkontrollen für KI-Technologien
   - Spannungen zwischen offener Forschung und nationaler Sicherheit
   - Rolle multinationaler Unternehmen in der globalen KI-Entwicklung

8. Internationale Zusammenarbeit:
   - Bemühungen um globale KI-Governance-Strukturen
   - Kooperationen in der KI-Forschung vs. nationale Interessen
   - Rolle internationaler Organisationen wie UN, OECD, G20

9. Digitale Kluft:
   - Risiko einer wachsenden technologischen Kluft zwischen Nationen
   - Herausforderungen für Entwicklungsländer im KI-Zeitalter
   - Bedeutung von KI für nachhaltige Entwicklungsziele

Die geopolitischen Implikationen der KI-Entwicklung erfordern eine sorgfältige Balance zwischen nationalen Interessen, internationaler Zusammenarbeit und ethischen Überlegungen.

18.3 KI im militärischen Kontext

Die Anwendung von KI im militärischen Bereich ist ein kontroverses und folgenreiches Thema:

1. Autonome Waffensysteme:
   - Entwicklung von KI-gesteuerten Drohnen und Robotern
   - Ethische Debatten über den Einsatz tödlicher autonomer Waffen
   - Internationale Bemühungen zur Regulierung (z.B. CCW-Gespräche)

2. Entscheidungsunterstützung:
   - KI-Systeme zur Analyse von Geheimdienstinformationen
   - Unterstützung bei taktischen und strategischen Entscheidungen
   - Verbesserung der Situationserkennung auf dem Schlachtfeld

3. Cybersicherheit und -kriegsführung:
   - KI-gestützte Verteidigung gegen Cyberangriffe
   - Entwicklung offensiver KI-Fähigkeiten für Cyberoperationen
   - Automatisierte Erkennung und Reaktion auf Bedrohungen

4. Logistik und Wartung:
   - Optimierung militärischer Lieferketten
   - Vorhersagende Wartung für militärische Ausrüstung
   - KI-gestützte Ressourcenallokation und -planung

5. Aufklärung und Überwachung:
   - Analyse von Satelliten- und Drohnenbildern

- Automatische Zielerkennung und -verfolgung
- Verarbeitung und Analyse großer Mengen von Sensordaten

6. Trainings- und Simulationssysteme:
   - KI-gestützte Kriegssimulationen für Ausbildungszwecke
   - Personalisierte Trainingsszenarien für Soldaten
   - Virtuelle und erweiterte Realität in der militärischen Ausbildung

7. Mensch-Maschine-Teaming:
   - Integration von KI-Systemen in Kampfeinheiten
   - Verbesserung der Leistungsfähigkeit menschlicher Soldaten
   - Entwicklung von "Manned-Unmanned Teaming" Konzepten

8. Strategische Planung:
   - KI-unterstützte Analyse geopolitischer Szenarien
   - Vorhersage und Modellierung von Konflikten
   - Optimierung von Ressourcenallokation und Streitkräftestruktur

9. Ethische und rechtliche Herausforderungen:
   - Fragen der Verantwortlichkeit bei KI-gestützten Entscheidungen
   - Einhaltung des humanitären Völkerrechts durch KI-Systeme
   - Risiken der Eskalation durch autonome Systeme

10. Rüstungskontrolle und Nonproliferation:
    - Herausforderungen bei der Verifikation von KI-Fähigkeiten
    - Potenzielle Destabilisierung bestehender Rüstungskontrollregime
    - Bemühungen zur Eindämmung eines KI-Wettrüstens

Die militärische Anwendung von KI birgt sowohl das Potenzial für erhöhte Sicherheit und Effizienz als auch erhebliche

Risiken und ethische Bedenken, die sorgfältig abgewogen werden müssen.

18.4 Internationale Kooperationen und Standardisierungsbemühungen

Angesichts der globalen Auswirkungen von KI gibt es zunehmend Bemühungen um internationale Zusammenarbeit und Standardisierung:

1. Multilaterale Initiativen:
   - OECD AI Principles: Richtlinien für verantwortungsvolle KI-Entwicklung
   - UNESCO-Empfehlungen zur Ethik der KI
   - G20-Diskussionen über KI-Governance und digitale Wirtschaft

2. Standardisierungsorganisationen:
   - ISO/IEC: Entwicklung internationaler Standards für KI
   - IEEE: Ethically Aligned Design und P7000 Standards-Serie
   - ITU: Fokus auf KI für nachhaltige Entwicklung

3. Forschungskooperationen:
   - Internationale Forschungsprojekte wie CERN für KI
   - Akademische Austauschprogramme und gemeinsame Labore
   - Open-Source-Initiativen für KI-Technologien

4. Industriekooperationen:
   - Branchenübergreifende Konsortien für KI-Entwicklung
   - Partnerschaften zwischen Technologieunternehmen und Universitäten
   - Globale Plattformen für den Austausch von KI-Ressourcen

5. Regulatorische Zusammenarbeit:

- EU-US Trade and Technology Council
- Bilaterale Abkommen zur KI-Zusammenarbeit
- Harmonisierung von Datenschutzgesetzen (z.B. GDPR-Äquivalenz)

6. KI für nachhaltige Entwicklung:
   - UN AI for Good Global Summit
   - Initiativen zur Nutzung von KI für die SDGs
   - Partnerschaften zur Überbrückung der digitalen Kluft

7. Ethische Richtlinien:
   - Globale Bemühungen zur Entwicklung ethischer KI-Rahmenwerke
   - Zusammenarbeit bei der Definition von Prinzipien für vertrauenswürdige KI
   - Interdisziplinäre und interkulturelle Dialoge zur KI-Ethik

8. Datenaustausch und -interoperabilität:
   - Entwicklung von Standards für den sicheren internationalen Datenaustausch
   - Bemühungen um interoperable KI-Systeme
   - Initiativen für offene Datensätze und Benchmarks

9. Krisenmanagement und humanitäre Hilfe:
   - Internationale Zusammenarbeit bei KI-gestützten Katastrophenreaktionen
   - Nutzung von KI für globale Gesundheitsherausforderungen
   - Kooperationen zur Bekämpfung von Desinformation und Fake News

10. Bildung und Kompetenzentwicklung:
    - Globale Plattformen für KI-Bildung und -Training
    - Internationale Mentoring- und Austauschprogramme
    - Zusammenarbeit zur Förderung von KI-Kompetenz in Entwicklungsländern

Diese internationalen Kooperationen und

Standardisierungsbemühungen zielen darauf ab, eine verantwortungsvolle und inklusive Entwicklung von KI-Technologien zu fördern und globale Herausforderungen gemeinsam anzugehen.

18.5 Ethische Richtlinien und globale Governance-Ansätze

Die Entwicklung ethischer Richtlinien und globaler Governance-Ansätze für KI ist ein wichtiger Aspekt der internationalen Zusammenarbeit:

1. Globale Ethik-Frameworks:
   - UNESCO-Empfehlungen zur KI-Ethik
   - OECD AI Principles
   - IEEE Ethically Aligned Design

2. Nationale Ethikkommissionen:
   - Einrichtung von KI-Ethikräten in verschiedenen Ländern
   - Entwicklung länderspezifischer Ethik-Richtlinien
   - Beratung von Regierungen zu ethischen KI-Fragen

3. Unternehmensrichtlinien:
   - Entwicklung interner Ethik-Richtlinien durch Tech-Giganten
   - Branchenweite Initiativen wie Partnership on AI
   - Implementierung von Ethik-Boards in Unternehmen

4. Regulatorische Ansätze:
   - EU AI Act als Vorreiter für KI-Regulierung
   - Risikobasierte Ansätze zur KI-Governance
   - Diskussionen über globale Mindeststandards für KI

5. Menschenrechtsbasierte Ansätze:
   - Integration von KI-Ethik in bestehende Menschenrechtsrahmen
   - UN-Leitprinzipien für Wirtschaft und Menschenrechte im KI-Kontext

- Schutz der Privatsphäre und Meinungsfreiheit im KI-Zeitalter

6. Transparenz und Erklärbarkeit:
   - Forderungen nach transparenten KI-Systemen
   - Entwicklung von Standards für erklärbare KI
   - Auditing-Mechanismen für KI-Algorithmen

7. Fairness und Nicht-Diskriminierung:
   - Globale Bemühungen zur Bekämpfung von KI-Bias
   - Entwicklung fairer ML-Algorithmen
   - Intersektionale Ansätze zur KI-Ethik

8. Verantwortlichkeit und Haftung:
   - Diskussionen über rechtliche Verantwortung für KI-Entscheidungen
   - Entwicklung von Haftungsmodellen für KI-verursachte Schäden
   - Internationale Zusammenarbeit bei der Regulierung von KI-Haftungsfragen

9. Datenschutz und Datensouveränität:
   - Globale Diskussionen über Datenschutzstandards im KI-Zeitalter
   - Balancierung von Datennutzung und Privatsphäre
   - Ansätze zur Gewährleistung der Datensouveränität von Nationen

10. Langfristige KI-Sicherheit:
    - Globale Initiativen zur Erforschung existenzieller Risiken durch KI
    - Entwicklung von Sicherheitsprotokollen für fortgeschrittene KI-Systeme
    - Internationale Zusammenarbeit bei der Kontrolle von KI-Entwicklung

11. Inklusive KI-Governance:
    - Einbeziehung verschiedener Stakeholder in KI-

Governance-Prozesse

- Förderung der Beteiligung von Entwicklungsländern an globalen KI-Diskussionen

- Berücksichtigung kultureller Diversität in ethischen KI-Richtlinien

Die Entwicklung ethischer Richtlinien und globaler Governance-Ansätze für KI ist ein fortlaufender Prozess, der die Zusammenarbeit verschiedener Akteure auf internationaler Ebene erfordert. Ziel ist es, einen Rahmen zu schaffen, der Innovation fördert, gleichzeitig aber auch ethische Prinzipien und gesellschaftliche Werte schützt.

18.6 Zusammenfassung des Kapitels

Das 18. Kapitel hat die internationalen Dimensionen der KI-Entwicklung beleuchtet und dabei folgende Hauptaspekte hervorgehoben:

1. Die Vielfalt nationaler KI-Strategien zeigt, dass Länder weltweit die Bedeutung von KI als Schlüsseltechnologie erkannt haben und aktiv daran arbeiten, ihre Position im globalen KI-Wettbewerb zu stärken.

2. Die geopolitischen Implikationen der KI-Entwicklung sind weitreichend und betreffen Bereiche wie technologische Vorherrschaft, wirtschaftliche Macht, nationale Sicherheit und internationale Beziehungen.

3. Im militärischen Kontext birgt KI sowohl enormes Potenzial als auch erhebliche Risiken, was zu intensiven Debatten über ethische und sicherheitspolitische Fragen führt.

4. Internationale Kooperationen und Standardisierungsbemühungen gewinnen an Bedeutung, um eine kohärente und verantwortungsvolle globale KI-Entwicklung zu gewährleisten.

5. Die Entwicklung ethischer Richtlinien und globaler Governance-Ansätze für KI ist ein komplexer, aber notwendiger Prozess, um die Herausforderungen und Chancen dieser Technologie auf globaler Ebene zu adressieren.

Die internationale Dimension der KI-Entwicklung unterstreicht die Notwendigkeit einer ausgewogenen Herangehensweise, die nationale Interessen, globale

Zusammenarbeit und ethische Überlegungen in Einklang bringt. Die Zukunft der KI wird maßgeblich davon abhängen, wie erfolgreich die internationale Gemeinschaft diese Herausforderungen meistern kann.

19. LLMS: REVOLUTION IN DER SPRACHVERARBEITUNG

19.1 Grundlagen und Entwicklung von Large Language Models

Large Language Models (LLMs) haben in den letzten Jahren eine Revolution in der Verarbeitung natürlicher Sprache ausgelöst. Diese Modelle, die auf riesigen Textdatenmengen trainiert werden, haben die Fähigkeit, menschenähnliche Texte zu generieren und komplexe sprachbezogene Aufgaben zu bewältigen.

Die Entwicklung von LLMs hat ihre Wurzeln in früheren Ansätzen der Sprachmodellierung. In den Anfängen der computergestützten Sprachverarbeitung dominierten n-gram Modelle, die auf der statistischen Analyse von Wortkombinationen basierten. Diese Modelle waren jedoch in ihrer Fähigkeit, längere Kontexte zu erfassen, begrenzt.

Mit dem Aufkommen neuronaler Netze in den 2010er begann eine neue Ära der Sprachmodellierung. Rekurrente neuronale Netze (RNNs) und insbesondere Long Short-Term Memory (LSTM) Netzwerke ermöglichten es, längere Sequenzen von Wörtern zu verarbeiten und den Kontext besser zu berücksichtigen.

Der wahre Durchbruch kam jedoch mit der Einführung der Transformer-Architektur durch Vaswani et al. im Jahr 2017. Diese Architektur, die auf Self-Attention-Mechanismen basiert, ermöglichte es, Abhängigkeiten zwischen weit entfernten Wörtern in einem Text effizient zu modellieren. Dies führte zur Entwicklung von Modellen wie BERT (Bidirectional Encoder Representations from Transformers) und GPT (Generative Pre-trained Transformer), die die

Grundlage für moderne LLMs bilden.

Ein weiterer entscheidender Fortschritt war die Einführung von Transfer Learning und Pre-training in der Sprachmodellierung. Modelle werden zunächst auf großen, ungelabelten Textkorpora vortrainiert und können dann für spezifische Aufgaben feinabgestimmt werden. Dieser Ansatz ermöglicht es, das in den Modellen enthaltene allgemeine Sprachwissen auf eine Vielzahl von Aufgaben zu übertragen.

Die kontinuierliche Vergrößerung der Modelle und Trainingsdatensätze hat zu immer leistungsfähigeren LLMs geführt, die in der Lage sind, erstaunlich kohärente und kontextrelevante Texte zu generieren sowie komplexe sprachbezogene Aufgaben zu bewältigen.

19.2 Architektur und Funktionsweise von LLMs

Die Transformer-Architektur, die das Rückgrat moderner LLMs bildet, besteht aus mehreren Schlüsselkomponenten:

1. Embedding Layer: Wandelt Eingabetokens in kontinuierliche Vektorrepräsentationen um.
2. Multi-Head Attention: Ermöglicht es dem Modell, verschiedene Aspekte der Eingabe gleichzeitig zu berücksichtigen.
3. Feed-Forward Neural Networks: Verarbeiten die Aufmerksamkeitsausgaben weiter.
4. Layer Normalization und Residual Connections: Stabilisieren und beschleunigen das Training.

Der Self-Attention-Mechanismus ist das Herzstück der Transformer-Architektur. Er ermöglicht es jedem Token, mit jedem anderen Token in der Sequenz in Beziehung zu treten, wodurch das Modell komplexe Abhängigkeiten erfassen kann.

Die Tokenisierung ist ein kritischer Vorverarbeitungsschritt. LLMs verwenden oft Subword-Tokenisierungsmethoden wie Byte-Pair Encoding (BPE) oder SentencePiece, die einen Kompromiss zwischen Wort- und Zeichenebene darstellen und es ermöglichen, mit einem begrenzten Vokabular eine große Anzahl von Wörtern zu repräsentieren.

Das Training von LLMs erfolgt typischerweise durch selbstüberwachtes Lernen, bei dem das Modell lernt, das nächste Token in einer Sequenz vorherzusagen. Techniken wie Masked Language Modeling (MLM) in BERT oder autoregressive Vorhersage in GPT werden verwendet, um das Modell zu trainieren, bidirektionale oder unidirektionale Kontexte zu verstehen.

Die Skalierung von LLMs stellt erhebliche technische Herausforderungen dar. Das Training erfordert massive Rechenressourcen und ausgefeilte Optimierungstechniken. Methoden wie Modellparallelität, Pipeline-Parallelität und verteiltes Training werden eingesetzt, um mit den wachsenden Modellgrößen umzugehen.

19.3 Anwendungsbereiche und Fähigkeiten von LLMs

LMs haben eine breite Palette von Anwendungen in der natürlichen Sprachverarbeitung revolutioniert:

1. Übersetzung: LLMs können hochwertige Übersetzungen zwischen verschiedenen Sprachen liefern, wobei sie Kontext und Nuancen berücksichtigen.
2. Zusammenfassung: Sie können lange Texte prägnant zusammenfassen und dabei die wichtigsten Informationen extrahieren.
3. Frage-Antwort-Systeme: LLMs können komplexe Fragen verstehen und relevante Antworten aus großen Textkorpora extrahieren oder generieren.
4. Textgenerierung: Sie können kohärente und kontextrelevante Texte in verschiedenen Stilen und Formaten generieren, von Geschichten bis hin zu Gedichten.
5. Kreatives Schreiben: LLMs können bei der Ideenfindung helfen und sogar ganze literarische Werke generieren.
6. Code-Generierung und -Vervollständigung: Sie können Programmcode in verschiedenen Sprachen generieren und bestehenden Code ergänzen oder debuggen.
7. Multimodale Anwendungen: Fortgeschrittene LLMs können Text-zu-Bild- oder Text-zu-Video-Aufgaben bewältigen, indem sie Textbeschreibungen in visuelle Inhalte umsetzen.

Die Fähigkeiten von LLMs gehen oft über einfache Sprachverarbeitung hinaus. Sie zeigen ein gewisses Maß an "Verständnis" für Kontexte, können logische Schlussfolgerungen ziehen und sogar kreative Problemlösungsfähigkeiten demonstrieren.

19.4 Ethische und gesellschaftliche Implikationen

Die Entwicklung und der Einsatz von LLMs werfen eine Reihe wichtiger ethischer und gesellschaftlicher Fragen auf:

1. Bias und Fairness: LLMs können Vorurteile und Diskriminierungen aus ihren Trainingsdaten übernehmen und verstärken. Dies kann zu unfairen oder voreingenommenen Ausgaben führen, insbesondere in sensiblen Bereichen wie Personalentscheidungen oder Kreditvergabe.

2. Desinformation und Fake News: Die Fähigkeit von LLMs, überzeugend klingende Texte zu generieren, birgt das Risiko des Missbrauchs zur Erstellung und Verbreitung von Falschinformationen. Dies stellt eine Herausforderung für die Informationsintegrität und demokratische Prozesse dar.

3. Datenschutz und Urheberrecht: Das Training von LLMs auf großen Textkorpora wirft Fragen bezüglich des Datenschutzes und der Urheberrechte auf. Es ist oft unklar, wie mit personenbezogenen Daten oder urheberrechtlich geschütztem Material in den Trainingsdaten umgegangen wird.

4. Auswirkungen auf den Arbeitsmarkt: LLMs haben das Potenzial, viele sprachbezogene Aufgaben zu automatisieren, was zu Verschiebungen auf dem Arbeitsmarkt führen kann. Dies betrifft Bereiche wie Übersetzung, Contentproduktion und sogar bestimmte Aspekte der Softwareentwicklung.

5. Bildung und kritisches Denken: Der einfache Zugang

zu LLM-generierten Inhalten könnte die Art und Weise, wie Menschen lernen und Informationen verarbeiten, beeinflussen. Es besteht die Gefahr, dass kritisches Denken und eigenständige Informationsverarbeitung vernachlässigt werden.

Um diesen Herausforderungen zu begegnen, werden verschiedene Ansätze diskutiert und entwickelt:

- Entwicklung von Methoden zur Erkennung von KI-generiertem Text
- Implementierung von Fairness-Metriken und Debiasing-Techniken in LLMs
- Schaffung klarer rechtlicher und ethischer Rahmenbedingungen für den Einsatz von LLMs
- Förderung der digitalen Kompetenz und des kritischen Denkens in der Bildung

19.5 Zukünftige Entwicklungen und Herausforderungen

Die Zukunft der LLMs verspricht weitere spannende Entwicklungen, bringt aber auch bedeutende Herausforderungen mit sich:

1. Verbesserung der Interpretierbarkeit und Erklärbarkeit: Ein wichtiges Ziel ist es, die "Black Box" der LLMs transparenter zu machen. Forscher arbeiten an Methoden, um die Entscheidungsprozesse dieser Modelle besser zu verstehen und zu erklären.

2. Integration von Weltwissen und Common Sense Reasoning: Zukünftige LLMs sollen nicht nur Muster in Texten erkennen, sondern auch ein tieferes Verständnis der Welt entwickeln. Dies beinhaltet die Fähigkeit zu logischem Schließen und die Anwendung von Alltagswissen.

3. Multilinguale und kulturübergreifende Modelle: Die Entwicklung von LLMs, die mehrere Sprachen gleich gut beherrschen und kulturelle Nuancen verstehen können, ist ein wichtiges Ziel für die globale Anwendbarkeit dieser Technologie.

4. Effizienzsteigerung: Angesichts des enormen Ressourcenbedarfs aktueller LLMs wird an Methoden gearbeitet, um die Modelle effizienter zu machen, sowohl in Bezug auf das Training als auch auf den Einsatz.

5. Ethische KI und verantwortungsvolle Entwicklung: Die Entwicklung von Frameworks und Praktiken für eine ethische und verantwortungsvolle Entwicklung und Nutzung von

LLMs wird zunehmend wichtiger.

6. Potenzial für künstliche allgemeine Intelligenz (AGI): Einige Forscher sehen in der Weiterentwicklung von LLMs einen möglichen Weg zur Erreichung von AGI. Dies wirft tiefgreifende philosophische und ethische Fragen auf.

Die Bewältigung dieser Herausforderungen erfordert eine interdisziplinäre Zusammenarbeit von Informatikern, Linguisten, Ethikern, Sozialwissenschaftlern und politischen Entscheidungsträgern.

19.6 Zusammenfassung

Large Language Models haben die Landschaft der künstlichen Intelligenz und natürlichen Sprachverarbeitung grundlegend verändert. Sie haben nicht nur technologische Grenzen verschoben, sondern auch neue Möglichkeiten für die Mensch-Maschine-Interaktion eröffnet. Gleichzeitig werfen sie wichtige ethische und gesellschaftliche Fragen auf, die sorgfältig adressiert werden müssen.

Die zukünftige Entwicklung von LLMs verspricht weitere bahnbrechende Fortschritte, aber auch erhebliche Herausforderungen. Es liegt an der Forschungsgemeinschaft und der Gesellschaft als Ganzes, diese Technologie verantwortungsvoll und zum Wohle der Menschheit weiterzuentwickeln.

20. DIE ZUKUNFT DER KI: TRENDS UND PROGNOSEN

20.1 Quantum Computing und KI

1. Grundlagen des Quantum Computing:
   - Quantenbits (Qubits) und Quantenüberlegenheit
   - Aktuelle Fortschritte in der Quantenhardware
   - Herausforderungen bei der Skalierung von Quantencomputern

2. Potenzielle Auswirkungen auf KI:
   - Quantenalgorithmen für maschinelles Lernen
   - Beschleunigung von Optimierungsproblemen
   - Mögliche Durchbrüche in der Kryptographie und Sicherheit

3. Quanteninspirierte klassische Algorithmen:
   - Übertragung von Quantenkonzepten auf klassische Computer
   - Hybride Quanten-klassische Systeme

4. Zukunftsaussichten:
   - Zeitrahmen für praktisch nutzbare Quantencomputer in KI
   - Potenzielle Anwendungsgebiete in verschiedenen Industrien
   - Ethische und sicherheitsrelevante Überlegungen

20.2 Neuromorphe Hardware und Kognitives Computing

1. Grundkonzepte neuromorpher Hardware:
   - Nachbildung biologischer neuronaler Netze in Hardware
   - Vorteile in Bezug auf Energieeffizienz und Parallelität
   - Aktuelle neuromorphe Chips und Architekturen

2. Kognitives Computing:
   - Integration von Wahrnehmung, Lernen und Reasoning
   - Entwicklung von Systemen mit menschenähnlichen kognitiven Fähigkeiten
   - Herausforderungen bei der Modellierung komplexer kognitiver Prozesse

3. Anwendungen und Potenziale:
   - Edge Computing und IoT-Geräte
   - Robotik und autonome Systeme
   - Biomedizinische Implantate und Brain-Computer-Interfaces

4. Zukünftige Entwicklungen:
   - Skalierung neuromorpher Systeme
   - Integration mit konventionellen Computing-Architekturen
   - Potenzielle Durchbrüche in Richtung künstlicher allgemeiner Intelligenz

20.3 KI und das Internet der Dinge (IoT)

1. Konvergenz von KI und IoT:
    - Edge AI und dezentrales Lernen
    - Intelligente Sensoren und Aktoren
    - 5G und darüber hinaus: Auswirkungen auf KI-IoT-Integration

2. Anwendungsbereiche:
    - Smart Cities und intelligente Infrastruktur
    - Industrie 4.0 und intelligente Fertigung
    - Gesundheitswesen und personalisierte Medizin

3. Herausforderungen:
    - Datenschutz und Sicherheit in vernetzten Systemen
    - Standardisierung und Interoperabilität
    - Energiemanagement und Nachhaltigkeit

4. Zukünftige Entwicklungen:
    - Selbstorganisierende und selbstheilende Netzwerke
    - Swarm Intelligence und kollektive KI-Systeme
    - Integration von AR/VR mit IoT und KI

20.4 Mensch-KI-Symbiose und Augmented Intelligence

1. Konzept der Augmented Intelligence:
   - KI als Erweiterung menschlicher Fähigkeiten
   - Kollaborative Intelligenz zwischen Mensch und Maschine
   - Unterschied zu Ansätzen der Ersetzung menschlicher Intelligenz

2. Mensch-KI-Interaktion:
   - Fortschritte in natürlichen Benutzerschnittstellen
   - Kontextbewusste und adaptive KI-Assistenten
   - Ethische Überlegungen zur Mensch-KI-Beziehung

3. Anwendungsbereiche:
   - Bildung und lebenslanges Lernen
   - Kreativität und künstlerisches Schaffen
   - Wissenschaftliche Forschung und Entdeckung

4. Zukunftsperspektiven:
   - Potenzial für kognitive Erweiterung
   - Gesellschaftliche Auswirkungen der Mensch-KI-Symbiose
   - Langfristige Evolution der menschlichen Intelligenz

20.5 Langfristige Szenarien und ihre Implikationen

1. Szenarien für künstliche allgemeine Intelligenz (AGI):
   - Mögliche Zeitrahmen und Entwicklungspfade
   - Potenzielle Auswirkungen auf Wirtschaft und Gesellschaft
   - Ethische und existenzielle Überlegungen

2. Superintelligenz und technologische Singularität:
   - Konzepte und theoretische Grundlagen
   - Mögliche Konsequenzen für die Menschheit
   - Strategien zur Risikominimierung und Kontrolle

3. Transformative KI-Anwendungen:
   - Radikale Lebensverlängerung und Überwindung biologischer Grenzen
   - Weltraumkolonisierung und interstellare Reisen
   - Lösung globaler Herausforderungen wie Klimawandel und Ressourcenknappheit

4. Gesellschaftliche und philosophische Implikationen:
   - Veränderungen in Arbeit, Bildung und sozialen Strukturen
   - Ethische Fragen zur Natur von Bewusstsein und Intelligenz
   - Neudefiniton des Menschseins im Zeitalter fortschrittlicher KI

Die Zukunft der KI verspricht transformative Veränderungen in nahezu allen Bereichen unseres Lebens und unserer Gesellschaft. Während einige Entwicklungen relativ klar absehbar sind, bleiben viele langfristige Szenarien spekulativ. Es ist wichtig, dass wir als Gesellschaft proaktiv über diese möglichen Zukünfte nachdenken und Wege finden, die Entwicklung der KI zum Wohle der Menschheit zu gestalten.

Die in diesem Kapitel diskutierten Trends und Prognosen unterstreichen die Notwendigkeit eines interdisziplinären

Ansatzes in der KI-Forschung und -Entwicklung. Sie zeigen auch, wie wichtig es ist, ethische Überlegungen und gesellschaftliche Auswirkungen von Anfang an in den Entwicklungsprozess einzubeziehen.

Letztendlich wird die Zukunft der KI davon abhängen, wie wir als Gesellschaft diese Technologien entwickeln, regulieren und einsetzen. Die Gestaltung dieser Zukunft ist eine der größten Herausforderungen und Chancen unserer Zeit.

20.6 Zusammenfassung

Kapitel 20 blickt in die Zukunft der Künstlichen Intelligenz und diskutiert wichtige Trends und Prognosen. Hier die Kernpunkte:

1. Quantum Computing und KI: Das Kapitel beginnt mit einer Untersuchung des Potenzials von Quantencomputern für die KI. Es werden mögliche Anwendungen in der Optimierung, Kryptographie und Simulation komplexer Systeme diskutiert, sowie die Herausforderungen bei der Entwicklung praktisch nutzbarer Quantencomputer für KI-Anwendungen.

2. Neuromorphe Hardware und Kognitives Computing: Ein wichtiger Abschnitt widmet sich der Entwicklung von Hardware, die dem menschlichen Gehirn nachempfunden ist. Die potenziellen Vorteile in Bezug auf Energieeffizienz und die Fähigkeit, komplexe kognitive Aufgaben zu bewältigen, werden erörtert.

3. KI und das Internet der Dinge (IoT): Das Kapitel untersucht die zunehmende Konvergenz von KI und IoT. Es werden Themen wie Edge AI, intelligente Sensornetzwerke und die Herausforderungen bei der Integration von KI in vernetzte Geräte diskutiert.

4. Mensch-KI-Symbiose und Augmented Intelligence: Ein zentraler Abschnitt befasst sich mit der Vision einer engeren Zusammenarbeit zwischen Menschen und KI-Systemen. Konzepte wie Brain-Computer-Interfaces, kognitive Erweiterung und die ethischen Implikationen solcher Technologien werden behandelt.

5. Langfristige Szenarien und ihre Implikationen: Abschließend werden verschiedene langfristige Szenarien für die Entwicklung der KI diskutiert, einschließlich der Möglichkeit einer künstlichen allgemeinen Intelligenz (AGI) und deren potenziellen Auswirkungen auf Gesellschaft, Wirtschaft und das menschliche Selbstverständnis.

Das Kapitel zeigt die enorme Bandbreite möglicher zukünftiger Entwicklungen in der KI auf. Es wird deutlich, dass die Zukunft der KI nicht nur von technologischen Fortschritten abhängt, sondern auch von ethischen Entscheidungen, gesellschaftlichen Prioritäten und regulatorischen Rahmenbedingungen.

Die interdisziplinäre Natur zukünftiger KI-Entwicklungen wird hervorgehoben, ebenso wie die Notwendigkeit einer vorausschauenden und verantwortungsvollen Gestaltung dieser Technologien. Das Kapitel regt zum Nachdenken über die langfristigen Implikationen der KI-Entwicklung an und betont die Wichtigkeit eines breiten gesellschaftlichen Diskurses über die gewünschte Zukunft der KI.

21. REFLEXION UND AUSBLICK

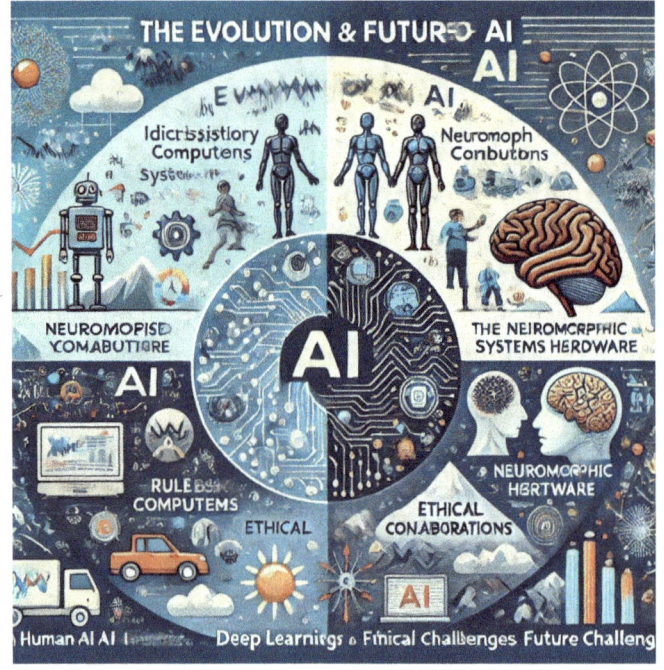

21.1 Lehren aus der Geschichte der KI

1. Zyklen von Euphorie und Ernüchterung:
    - Überblick über KI-Sommer und KI-Winter
    - Gründe für überzogene Erwartungen und Enttäuschungen
    - Bedeutung realistischer Einschätzungen und Kommunikation

2. Bedeutung interdisziplinärer Zusammenarbeit:
    - Erfolge durch Verbindung verschiedener Disziplinen
    - Herausforderungen bei der Integration unterschiedlicher Perspektiven
    - Notwendigkeit ganzheitlicher Ansätze in der KI-Forschung

3. Evolution der KI-Paradigmen:
    - Von regelbasierten Systemen zu maschinellem Lernen und Deep Learning
    - Bedeutung von Daten und Rechenleistung in der modernen KI
    - Potenzial hybrider Ansätze, die symbolische und subsymbolische KI verbinden

4. Ethik und Verantwortung in der KI-Entwicklung:
    - Historische Versäumnisse und deren Konsequenzen
    - Wachsendes Bewusstsein für ethische Implikationen
    - Notwendigkeit proaktiver ethischer Überlegungen in der KI-Forschung

21.2 Aktuelle Herausforderungen und offene Fragen

1. Technische Herausforderungen:
   - Verbesserung der Generalisierungsfähigkeit von KI-Systemen
   - Entwicklung energieeffizienter KI-Architekturen
   - Fortschritte in Richtung erklärbare KI (XAI)

2. Ethische und soziale Herausforderungen:
   - Umgang mit KI-induziertem Bias und Fairness
   - Datenschutz und Privatsphäre im KI-Zeitalter
   - Auswirkungen auf Arbeitsmärkte und soziale Strukturen

3. Governance und Regulierung:
   - Entwicklung angemessener regulatorischer Rahmen
   - Internationale Koordination in der KI-Governance
   - Balance zwischen Innovation und Risikominimierung

4. Philosophische Fragen:
   - Natur des Bewusstseins und der Intelligenz
   - Möglichkeit und Implikationen künstlicher allgemeiner Intelligenz (AGI)
   - Ethische Betrachtungen zur Schaffung potenziell bewusster Entitäten

21.3 Ethische Überlegungen für die Zukunft der KI

1. Werteausrichtung (Value Alignment):
   - Sicherstellung, dass KI-Systeme mit menschlichen Werten übereinstimmen
   - Herausforderungen bei der Definition und Implementierung ethischer Prinzipien
   - Kulturelle Unterschiede in ethischen Vorstellungen

2. Langfristige Sicherheit und Kontrolle:
   - Strategien zur Gewährleistung der Kontrolle über fortschrittliche KI-Systeme
   - Robustheit und Zuverlässigkeit von KI in kritischen Anwendungen
   - Vorbereitung auf unvorhergesehene Konsequenzen der KI-Entwicklung

3. Transparenz und Verantwortlichkeit:
   - Förderung von Transparenz in KI-Entwicklung und -Anwendung
   - Mechanismen zur Zurechenbarkeit von KI-Entscheidungen
   - Öffentlicher Diskurs und Beteiligung in KI-Ethikfragen

4. Globale Gerechtigkeit und Zugänglichkeit:
   - Überbrückung der digitalen Kluft in der KI-Entwicklung
   - Faire Verteilung der Vorteile und Risiken von KI
   - Förderung von Diversität und Inklusion in der KI-Forschung und -Entwicklung

21.4 Die Rolle der KI in der Bewältigung globaler Herausforderungen

1. Klimawandel und Umweltschutz:
   - KI für Klimamodellierung und Vorhersage
   - Optimierung von Energiesystemen und Ressourcennutzung
   - Überwachung und Schutz von Ökosystemen

2. Gesundheit und Wohlbefinden:
   - KI in der Arzneimittelentwicklung und personalisierten Medizin
   - Früherkennung und Prävention von Krankheiten
   - Unterstützung bei globalen Gesundheitskrisen

3. Bildung und lebenslanges Lernen:
   - Personalisierte Lernansätze durch KI
   - Überbrückung von Bildungslücken in unterversorgten Regionen
   - Anpassung an sich schnell verändernde Arbeitsmarktanforderungen

4. Nachhaltige Entwicklung und Armutsbekämpfung:
   - KI für effiziente Ressourcenverteilung und -planung
   - Verbesserung der Landwirtschaft und Ernährungssicherheit
   - Unterstützung bei der Erreichung der UN-Nachhaltigkeitsziele

21.5 Vision einer KI-gestützten Zukunft

1. Mensch-KI-Koexistenz:
   - Szenarien für eine harmonische Integration von KI in die Gesellschaft
   - Potenzial für Erweiterung menschlicher Fähigkeiten durch KI
   - Neugestaltung sozialer und wirtschaftlicher Strukturen

2. Wissenschaftliche Durchbrüche und Innovationen:
   - KI als Katalysator für Entdeckungen in verschiedenen Disziplinen
   - Mögliche Revolutionen in Physik, Biologie und Materialwissenschaften
   - Beschleunigung des technologischen Fortschritts

3. Transformation von Arbeit und Wirtschaft:
   - Neue Formen der Beschäftigung und Wertschöpfung
   - Potenzial für eine post-scarcity Ökonomie
   - Herausforderungen und Chancen in einer KI-getriebenen Wirtschaft

4. Ethische und verantwortungsvolle KI-Entwicklung:
   - Vision einer global koordinierten und ethischen KI-Governance
   - Einbettung von Werten und Prinzipien in KI-Systeme
   - Förderung einer Kultur der Verantwortung in der KI-Gemeinschaft

5. Langfristige Perspektiven:
   - Mögliche Pfade zur künstlichen allgemeinen Intelligenz (AGI)
   - Potenzielle Auswirkungen auf die menschliche Evolution und Zivilisation
   - Vorbereitung auf transformative Veränderungen durch KI

Die Geschichte der Künstlichen Intelligenz ist eine faszinierende Reise voller Höhen und Tiefen, bahnbrechender Durchbrüche und unerwarteter Herausforderungen. Von den frühen Visionen der Pioniere bis zu den heutigen komplexen Systemen hat die KI einen weiten Weg zurückgelegt und dabei unser Verständnis von Intelligenz, Kognition und dem menschlichen Potenzial grundlegend verändert.

Während wir in die Zukunft blicken, stehen wir vor enormen Möglichkeiten, aber auch vor ernsthaften ethischen und gesellschaftlichen Herausforderungen. Die verantwortungsvolle Entwicklung und Nutzung von KI wird eine der wichtigsten Aufgaben unserer Generation sein. Es liegt an uns, die Lehren aus der Vergangenheit zu ziehen, die gegenwärtigen Herausforderungen anzugehen und eine Zukunft zu gestalten, in der KI zum Wohle der gesamten Menschheit beiträgt.

Die Reise der KI ist bei weitem noch nicht abgeschlossen. Mit jedem Fortschritt öffnen sich neue Fragen und Möglichkeiten. Es bleibt eine der spannendsten und folgenreichsten Unternehmungen der Menschheit, die das Potenzial hat, unsere Welt und uns selbst grundlegend zu verändern.

22. NACHWORT

Als wir dieses Buch über die Geschichte der Künstlichen Intelligenz zu schreiben begannen, war uns bewusst, dass wir ein sich rasant entwickelndes Feld dokumentieren. Doch selbst in der kurzen Zeit zwischen der Fertigstellung des Manuskripts und seiner Veröffentlichung hat die KI-Landschaft weitere bemerkenswerte Entwicklungen erlebt, die es wert sind, hier erwähnt zu werden.

Die jüngsten Fortschritte in der Entwicklung großer Sprachmodelle haben die Grenzen dessen, was wir für möglich hielten, weiter verschoben. Modelle wie GPT-4 und seine Nachfolger haben nicht nur ihre Fähigkeiten in der Sprachverarbeitung verbessert, sondern auch beeindruckende Leistungen in multidisziplinären Aufgaben gezeigt. Die Integration dieser Modelle in verschiedene Anwendungen hat zu einer Welle von Innovationen geführt, die von der Softwareentwicklung bis hin zur kreativen Inhaltserstellung reichen.

Gleichzeitig hat die Debatte um die ethischen Implikationen und potenziellen Risiken fortgeschrittener KI-Systeme an Intensität gewonnen. Führende Wissenschaftler und Technologieexperten haben öffentlich ihre Bedenken über die möglichen Auswirkungen einer unkontrollierten KI-Entwicklung geäußert. Dies hat zu verstärkten Bemühungen um internationale Zusammenarbeit und Regulierung geführt, mit dem Ziel, die Entwicklung von KI in verantwortungsvolle Bahnen zu lenken.

Im Bereich der KI-Hardware haben Quantencomputer weitere Meilensteine erreicht, die uns der praktischen Anwendung von Quantenalgorithmen in der KI näher bringen. Parallel dazu machen neuromorphe Computersysteme stetige Fortschritte und versprechen, die Art und Weise, wie wir KI-Berechnungen durchführen, grundlegend zu verändern.

Die COVID-19-Pandemie hat die entscheidende Rolle von KI in der Bewältigung globaler Krisen unterstrichen. Von der Modellierung der Virusausbreitung bis hin zur Beschleunigung der Impfstoffentwicklung hat KI ihre Fähigkeit bewiesen, komplexe Probleme in Echtzeit anzugehen.

Diese jüngsten Entwicklungen unterstreichen die zentrale

Botschaft dieses Buches: Die Geschichte der KI ist eine Geschichte des kontinuierlichen Wandels, der Überraschungen und des unermüdlichen menschlichen Strebens nach Fortschritt. Sie zeigen auch, dass die ethischen und gesellschaftlichen Fragen, die wir im Laufe des Buches aufgeworfen haben, aktueller sind denn je.

Während wir in die Zukunft blicken, wird klar, dass die Reise der KI gerade erst begonnen hat. Die Herausforderungen und Möglichkeiten, die vor uns liegen, erfordern nicht nur technologische Innovation, sondern auch Weisheit, Voraussicht und einen tiefen Sinn für Verantwortung.

Es ist unsere Hoffnung, dass dieses Buch nicht nur als Chronik der Vergangenheit dient, sondern auch als Inspiration und Wegweiser für die Zukunft. Möge es Forschern, Entwicklern, politischen Entscheidungsträgern und allen, die sich für KI interessieren, als Ressource dienen, um die Lektionen der Vergangenheit zu verstehen und die Zukunft verantwortungsvoll zu gestalten.

Die Geschichte der Künstlichen Intelligenz ist eine fortlaufende Erzählung, und jeder von uns hat die Möglichkeit, zu ihrem nächsten Kapitel beizutragen. Mögen wir diese Gelegenheit mit Weisheit, Kreativität und einem tiefen Bewusstsein für unser gemeinsames menschliches Potenzial nutzen.

23. GLOSSAR

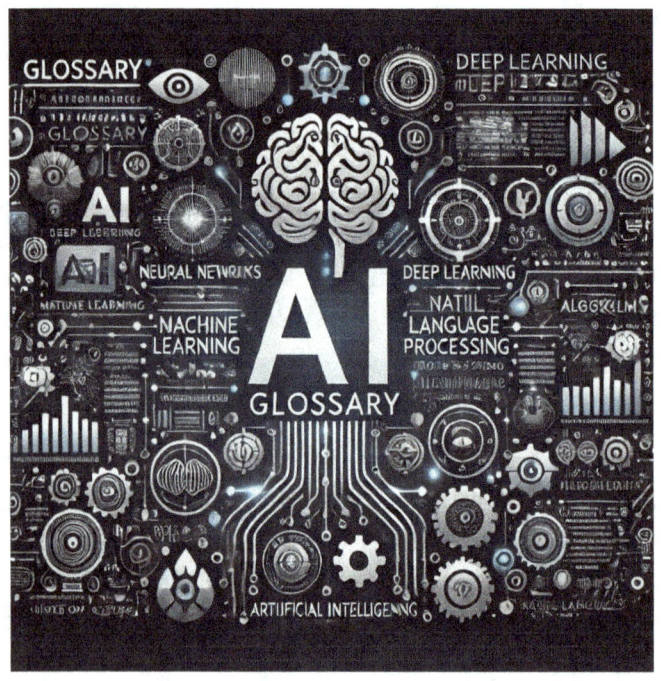

A/B-Testing

Eine Methode zur Vergleichung zweier Versionen eines Systems, um zu bestimmen, welche besser funktioniert.

Adversarial Examples

Eingaben für maschinelle Lernmodelle, die speziell erstellt wurden, um Fehlklassifikationen zu verursachen.

AGI (Artificial General Intelligence)

Eine hypothetische Form der KI, die menschenähnliche, allgemeine kognitive Fähigkeiten besitzt und in der Lage ist, jede intellektuelle Aufgabe zu bewältigen, die ein Mensch kann.

AI Ethics

Der Bereich, der sich mit den moralischen Implikationen und Richtlinien für die Entwicklung und den Einsatz von KI-Systemen befasst.

Algorithm

Eine Schritt-für-Schritt-Anleitung zur Lösung eines Problems oder zur Durchführung einer Aufgabe, insbesondere in der Informatik und KI.

Alpha-Beta Pruning

Eine Optimierungstechnik für den Minimax-Algorithmus in Spielbäumen.

Artificial Neural Network (ANN)

Ein Computermodell, das von der Struktur und Funktion biologischer neuronaler Netze inspiriert ist und die Grundlage vieler moderner KI-Systeme bildet.

Autonomous Systems

Systeme, die ohne direkten menschlichen Eingriff operieren können, wie selbstfahrende Autos oder Drohnen.

Backpropagation

Ein Algorithmus zum effizienten Training von künstlichen neuronalen Netzen.

Bayesian Networks

Probabilistische graphische Modelle, die Abhängigkeiten zwischen einer Menge von Variablen darstellen.

Big Data

Extrem große Datensätze, die aufgrund ihrer Größe, Geschwindigkeit und Vielfalt besondere Verarbeitungsmethoden erfordern.

Biometrics

Die Messung und statistische Analyse von physischen und verhaltensbezogenen Merkmalen von Menschen.

Chatbot

Ein KI-System, das designt ist, um Konversationen mit menschlichen Benutzern zu führen, oft über Text- oder Sprachschnittstellen.

Clustering

Eine Technik des unüberwachten Lernens, bei der ähnliche Datenpunkte in Gruppen eingeteilt werden.

Cognitive Computing

KI-Systeme, die versuchen, menschliche Denkprozesse in einem computerisierten Modell nachzubilden.

Computer Vision

Ein Teilbereich der KI, der sich mit der Verarbeitung und Analyse von digitalen Bildern und Videos befasst.

Convolutional Neural Network (CNN)

Eine Art des neuronalen Netzwerks, das besonders effektiv bei der Verarbeitung von Bilddaten ist.

Cross-validation

Eine Technik zur Bewertung der Generalisierungsfähigkeit eines Modells auf einem unabhängigen Datensatz.

Data Mining

Der Prozess der Entdeckung von Mustern in großen Datensätzen unter Verwendung von Methoden des maschinellen Lernens, der Statistik und der Datenbankensysteme.

Decision Trees

Eine Methode zur Darstellung von Entscheidungen und Entscheidungsfindung in einer baumartigen Struktur.

Deep Learning

Eine Untergruppe des maschinellen Lernens, die auf künstlichen neuronalen Netzen mit mehreren Schichten basiert und besonders effektiv bei der Verarbeitung großer Datenmengen ist.

Dropout

Eine Regularisierungstechnik in neuronalen Netzen, bei der zufällig ausgewählte Neuronen während des Trainings ignoriert werden.

Edge Computing

Die Verarbeitung von Daten am Rand des Netzwerks, nahe der Datenquelle, anstatt in einem zentralisierten Datenzentrum.

Embodied AI

I-Systeme, die in physische Systeme integriert sind und mit der realen Welt interagieren können.

Ensemble Learning

Eine Technik, bei der mehrere Lernalgorithmen kombiniert werden, um bessere Vorhersageleistungen zu erzielen.

Evolutionary Algorithms

Optimierungsalgorithmen, die von den Prinzipien der biologischen Evolution inspiriert sind.

Expert System

Ein KI-System, das das Wissen und die Schlussfolgerungsfähigkeiten menschlicher Experten in einem bestimmten Bereich nachahmt.

Explainable AI (XAI)

Ansätze und Methoden in der KI, die darauf abzielen, die Entscheidungen und Vorhersagen von KI-Systemen für Menschen verständlich und nachvollziehbar zu machen.

Federated Learning

Eine Technik des maschinellen Lernens, bei der ein Algorithmus auf mehreren dezentralen Geräten oder Servern trainiert wird, ohne lokale Daten auszutauschen.

Fuzzy Logic

Eine Methode des Schließens, die auf "Graden von Wahrheit" anstelle der üblichen booleschen Logik (wahr oder falsch) basiert.

Generative Adversarial Networks (GANs)

Ein Framework für generative Modelle, bei dem zwei neuronale Netze gegeneinander trainiert werden.

Genetic Algorithms

Optimierungsalgorithmen, die von den Prinzipien der natürlichen Selektion inspiriert sind.

Graph Neural Networks

Neuronale Netzwerke, die auf Graphstrukturen operieren und Beziehungen zwischen Entitäten modellieren können.

Heuristics

Problemlösungsstrategien, die schnelle Lösungen liefern, aber nicht garantiert optimal sind.

Human-AI Interaction

Das Studium und Design der Interaktion zwischen Menschen und KI-Systemen.

Hyperparameter Tuning

Der Prozess der Optimierung der Parameter eines Lernalgorithmus, die vor dem eigentlichen Lernprozess festgelegt werden.

Image Segmentation

Der Prozess der Unterteilung eines digitalen Bildes in mehrere Segmente oder Objekte.

Inference Engine

Der Teil eines Expertensystems, der Schlussfolgerungen aus der Wissensbasis zieht.

Internet of Things (IoT)

Ein Netzwerk von miteinander verbundenen physischen Geräten, die Daten sammeln und austauschen.

K-Nearest Neighbors (KNN)

Ein einfacher, instanzbasierter Lernalgorithmus für Klassifikation und Regression.

Knowledge Representation

Methoden zur Codierung von Wissen in einer Form, die von KI-Systemen verwendet werden kann.

Large Language Models (LLMs)

Komplexe KI-Systeme zur Verarbeitung und Generierung natürlicher Sprache, basierend auf der Transformer-Architektur. LLMs werden auf enormen Textdatenmengen trainiert und können vielfältige sprachbezogene Aufgaben bewältigen. Sie zeichnen sich durch die Fähigkeit zur Generierung kohärenter Texte, Nutzung von Kontextinformationen und Anwendung von Transfer Learning aus. Bekannte Beispiele sind GPT und BERT.

Long Short-Term Memory (LSTM)

Eine Art von rekurrentem neuronalem Netzwerk, das besonders gut für die Verarbeitung von Sequenzdaten geeignet ist.

Machine Learning

Ein Teilbereich der KI, der sich mit Algorithmen und statistischen Modellen befasst, die Computer befähigen, Aufgaben ohne explizite Anweisungen auszuführen, indem sie aus Daten lernen.

Multi-Agent Systems

Systeme, in denen mehrere intelligente Agenten interagieren, um Probleme zu lösen, die für einen einzelnen Agenten zu komplex sind.

Natural Language Processing (NLP)

Ein Bereich der KI, der sich mit der Interaktion zwischen Computern und menschlicher Sprache befasst, einschließlich der Analyse, des Verständnisses und der Generierung natürlicher Sprache.

Neural Architecture Search

Der automatisierte Prozess der Optimierung der Architektur eines neuronalen Netzwerks.

Neuromorphic Computing

Computing-Systeme, die von der Struktur und Funktion des menschlichen Gehirns inspiriert sind.

Optical Character Recognition (OCR)

Die elektronische Umwandlung von Bildern von handgeschriebenem, maschinengeschriebenem oder gedrucktem Text in maschinencodierten Text.

Overfitting

Ein Modellierungsfehler, bei dem ein Lernalgorithmus zu genau an die Trainingsdaten angepasst ist und daher schlecht auf neue Daten generalisiert.

Perceptron

Die einfachste Form eines künstlichen Neurons, das binäre Klassifikationen durchführen kann.

Quantum Computing

Ein Ansatz zur Datenverarbeitung, der die Prinzipien der Quantenmechanik nutzt, um bestimmte Berechnungen exponentiell schneller durchzuführen als klassische Computer.

Recurrent Neural Network (RNN)

Eine Klasse von künstlichen neuronalen Netzen, bei denen Verbindungen zwischen Knoten gerichtete Zyklen bilden.

Reinforcement Learning

Eine Art des maschinellen Lernens, bei der ein Agent lernt, in einer Umgebung zu handeln, um eine kumulative Belohnung zu maximieren.

Robotics

Ein interdisziplinäres Feld, das Maschinenbau, Elektrotechnik und Informatik kombiniert, um Maschinen zu entwerfen, zu bauen und zu programmieren, die bestimmte Aufgaben ausführen können.

Semantic Web

Eine Erweiterung des World Wide Web, die darauf abzielt, Daten maschinenlesbar zu machen.

Sentiment Analysis

Die Verwendung von NLP, um die emotionale Tönung eines Textes zu bestimmen.

Singularity

Ein hypothetischer zukünftiger Punkt, an dem künstliche Intelligenz die menschliche Intelligenz übertrifft und möglicherweise zu einer explosionsartigen Zunahme der technologischen Entwicklung führt.

Speech Recognition

Die Fähigkeit eines Computers, gesprochene Sprache zu identifizieren und in Text umzuwandeln.

Superintelligence

Eine hypothetische Form der KI, die die kognitiven Fähigkeiten des Menschen in praktisch allen Bereichen deutlich übertrifft.

Support Vector Machines (SVM)

Ein Satz überwachter Lernmethoden, die für Klassifikation und Regression verwendet werden.

Swarm Intelligence

Kollektives Verhalten dezentraler, selbstorganisierter Systeme, natürlich oder künstlich.

Transfer Learning

Eine Methode im maschinellen Lernen, bei der ein Modell, das für eine Aufgabe entwickelt wurde, als Ausgangspunkt für ein Modell für eine andere Aufgabe verwendet wird.

Turing Test

Ein von Alan Turing vorgeschlagener Test zur Bewertung der Fähigkeit einer Maschine, intelligentes Verhalten zu zeigen, das von menschlichem Verhalten nicht zu unterscheiden ist.

Unsupervised Learning

Eine Technik des maschinellen Lernens, bei der der Algorithmus Muster oder Strukturen in nicht gekennzeichneten Daten identifiziert.

Virtual Reality (VR)

Eine computergenerierte Simulation einer dreidimensionalen Umgebung, mit der eine Person mittels spezieller elektronischer Geräte interagieren kann.

Word Embedding

Die Darstellung von Wörtern und Phrasen in einem Vektorraum, die es Wörtern mit ähnlicher Bedeutung ermöglicht, eine ähnliche Darstellung zu haben.

24. ZUM ABSCHIED

www.ingramcontent.com/pod-product-compliance
Lightning Source LLC
Chambersburg PA
CBHW052140220526
45471CB00004B/1449